# 賢く歳をかさねる
# 人間の品格

坂東眞理子

SB新書
527

# はじめに――人生は後半戦が面白い

## 後半期ほど輝きを増す

二〇二〇年、だれも予想していなかった新型コロナ禍の結果、今までの常識が通用しなくなり、戦後七十五年の間に培われた社会観、人生観、経済観が大きく変わろうとしています。私達人生後半期の生活も役割も人生観も変わりはじめています。

現代の日本では年を重ねると若さを失い、美しさを失い、仕事を失い、収入を失い、友人を失い、知的好奇心や向上心を失い、人間としての尊厳を失うとされてきました。

今までの高齢者は「あいうえお」でした。「あ」あきらめ、「い」いじわる、「う」うちむき、「え」えんりょ、「お」おくれた、イメージをもたれていました。それでは、これからの高齢社会は暗くなるばかりです。

たしかに、脳も体も時がたつと細胞の老化が進み、錆びついてしまう人が多いのですが、それではせっかくの長寿も祝福できなくなります。何とか、心も知能も体も錆びないで、むしろ年をとることで、プラチナのような輝きを持つためにはどうすればよいか考えなければ、これからの日本は暗くなるばかりです。それは私自身の課題であり、日本社会全体、アジア全体の問題でもあります。

最近の加齢に関する研究成果は目覚ましいものがあります。瞬発力のような身体機能や単純な記憶や計算のように低下する機能もありますが、年を重ねてもトレーニングや適当な刺激を与えれば、筋力も知的能力も衰えを予防でき、機能を回復するという心強い報告も出ています。また若い時と異なる包容力（まあそんなものさ）、長期的視野（あせらないあせらない）、判断力（世の中うまい話はないよ）を備えた賢い高齢者が増えています。身体的な老化そのものを遅らせる研究も進んでいます。

この本では、年を重ねても、心も体も知能も輝きを増すためには如何に生きるべきか、どのように配偶者や子どもとのかかわりを築くか、どのように仕事や地域とのかかわりなど新しい社会とのつながりをつくりだすか、最近の加齢に関する研究成果と身の回りの実例を参考に、私なりに提案しています。

私は多くの人々が、六、七十歳代の人生の第三ステージの豊かな林住（りんじゅう）の時期を、余生あるいは晩年と考えているのは間違いだと思います。それは人生五十年、七十年時代の考え方で人生一〇〇年時代にはふさわしくありません。しわや老眼や度忘れがあるともう人生下り坂だ、どうせ何をしてもこれから先いいことはないだろう、と思うのはあまりにも発展志向、上り坂志向の考え方です。後半期にもいろいろな出会いがあり、予測しなかった機会にも恵まれ、新たな発見、成長があり、同時に、考えてもいなかった苦労や社会の激変もあり得ます。親友を失うかもしれませんが、新友を得ることもできます。人生最後まで、想定外の連続、今回のコロナのように山あり谷ありです。

子ども時代が人生のかけがえのない時期であるように、六十歳代も、七十歳代もかけがえのない人生の重要な一時期です。私の友人は「サッカーも人生も後半戦が面白い」と言っています。人生の後半期ならではの面白さを発見していきましょう。

私達年齢を重ねた人間は、若者と同じような、未熟で無作法で荒々しい生き方をする必要はありません。私達は粗金（あらがね）ではなく、プラチナです。プラチナの輝きは、金と異なる別の魅力を発揮します。

## 人生のあらゆるステージを楽しんで

できれば、この長い後半期を単に自分自身が健康で、安楽に過ごすことだけを目指す利己的な過ごし方でなく、社会をよくするために少しだけ周囲の人、困っている人の手助けをしよう、利他的に生きようとする心意気を持ちたいものです。

こうした利他的な生き方をすると、世の中も自分の人生も変わります。若い時のように家族や職場・職業への義務に縛られることなく、のびやかにかつ一段上の視点で物事を見、若い人々をサポートし、自分自身も錆びつかない生き方ができるはずです。それが社会をよくするだけでなく、私達も幸福になります。

こういう人が多くなれば、日本は世界に先駆けて豊かな高齢社会のモデルをつくれるのではないかと期待しています。

それにはできるだけ早く社会制度を「高齢社会仕様」にし、社会保障制度や働き方を変えていかなければいけませんが、政策論議はさておき、個人も長い人生に適応した考え方、価値観、生き方を身につけなければなりません。身体的な老化防止の研究が進んでいるのですから、この時期を活用する意欲をもたないと、いたずらに長生きだけすることになります。

具体的には物事を結果だけで判断しない、職場での成功や肩書と人間の価値は別だと認識する、過去の恨みや悔しさを引きずらない。そのうえで、家族や若い人や後輩と適当な距離をとってつき合い、応援する。いつも若々しい好奇心や新しい目標へのチャレンジをする気力を持ち続ける、健康を保つ生活習慣を持つ、などでしょうか。同時に子どもや友人に迷惑をかけない、自分で何でもしますと突っ張るのでなく、困った時には家族や友人に助けを求める。困った時はお互いさまと、できる時にできる援助をするというように、やわらかな生活態度が求められます。人生のあらゆるステージを楽しむ心意気で高齢期をすごしましょう。

人生を長く生きていればいるほど、物事は単純に割り切れないことが分かってきます。自分を「よくやった」「よくがまんした」と褒めてあげたい時もありますが、思い出すだけで心の生傷の血がにじむような経験もあります。そうした挫折や失敗も含めて「これが自分の人生だったのだ」、と受けいれて生きていくにはどうすればよいか。

一ヵ条では輝いて生きるプラチナエイジ（人生後半期）の心の持ち方、二ヵ条から七ヵ条までは、今までの友人を大事にするとともに新しい友人とのネットワークのつくり方、子どもが巣立ったあとの夫婦の距離の取り方、後半期の人生を左右する子どもの自立をどう進めるか、退職後地域とどうつき合うか、新しい仕事の可能性、死に支度までなど、かなり具体的なアドバイスを盛り込んでいます。

ぜひここで提案していることも参考に、錆びない生き方を目指していただきたいと願っています。

皆さんに少しでも参考にしていただければ幸いです。

二〇二〇年の初冬

坂東眞理子

# 賢く歳をかさねる人間の品格　目次

## 第二ヵ条　人間関係の器量を磨く
### ——後半期からは貯蓄より「貯人(ちょじん)」

## 第三ヵ条 後半期からの「よい夫婦」を続けるコツ

### ――夫婦のソーシャルディスタンス



## 第四ヵ条 子どもを自立させる

### ――後半期の親子のかたち

## 第五ヵ条 地域と若者とかかわる
### ――後半期の地域デビュー

第六ヵ条　やわらかく働く

——後半期の仕事との新しいかかわり

## 第七ヵ条 人生の引き際まで美しく
### ――後半期の錆びない生き方と死に支度

# 第一ヵ条　今をていねいに生きる

## ——心を深める生き方

プラチナの言葉

Be ambitious for the attainment of all that a man ought to be.
あらまほしき自分になるをめざす大志を抱け

クラーク博士、諸説あり

# 年を重ねた人間の品格

## 自分の人生を受け入れる

人生も後半期になると、幾ばくかの達成感と諦念を持つようになります。人生が始まったころ、自分にはいろんな可能性があると信じていました。自分の配偶者や子どもに夢をかけたこともありました。しかし自分で成し遂げたこともあれば、成し遂げられなかったこともある。成功したこと失敗したこと、今でも思い出したくない後悔する思い出、幸福感に満たされる思い出などすべて生きてきたあかしです。しかし全体として、自分は与えられた運命のなかで、おかれた状況のなかで精いっぱいに生きてきた、という思いを持つ人が多いのではないでしょうか。

客観的に見たら大したことはないのかもしれませんが、いじわるな姑（上司）や頼りない夫（同僚）、自分勝手な子ども（部下）とも折り合い、自分にとってはひどい苦労や厳しい状況をとにもかくにも生き延びてきたという達成感です。もちろんすべて満足しろというわけではありませんが、自分で自分の人生を受け入れましょう。

## 達成感と諦念のバランス

同時に、自分はこんな人生を歩むとは思ってもみなかったのに、いろんな回り合わせでこうなったのだ、あの時ああしていたら、こうしていたら、と後悔することもたくさんあります。しかし今さら言っても仕方がないというある種の諦念もあります。これが自分の人生だったのだと受け入れがたい気持ちと、これでよしとしなければという思いがせめぎ合います。

こうした達成感の部分だけ見せるようにして、人生の勝利者のようにふるまい、自分の弱みを見せないのも人間として底が浅いように思いますが、年を重ねても不燃焼感にとらわれてシニカルに物事を見たり、愚痴をこぼす人はもっと困りものです。周囲の人にいじわるな見方をし、言葉を吐く人は周囲を不幸にします。

人の幸福を羨み、妬み、批判する人は、マイナスのオーラをまき散らしています。自分をできるだけ客観的に見て達成感と諦念のバランスをとっていくのが、私はプラチナエイジの一番あらまほしい姿のように思います。

だれか他の人が成功を自慢したり達成感を振り回していても嫉みで心を惑わされず、「よくやったわね、頑張ったね」と祝福することができる。「悔しい、うまくいかなかった、私の人生はこれでおしまいだ」と嘆いている人には、「人生は長いのだからいろんなことがあるけれど、必ず道は開けるし、あとではいい思い出になることだってあるのだから」と励ますことができる。それが年を重ねた人間の品格でないかと思います。

**自分がそうであるように、他の人も、幸運に恵まれていいことばかりあるわけでない。よく頑張って成功したなという部分と、その裏で克服した苦労があることを理解できる、それが年の功であり、長い人生を重ねて得られる品格あるプラチナの輝きです。**

# 年をとるのは幸せが増えること

## ワインと友人は古いほど味わい深い

先日あるフランス人女性から、「年をとるのは幸せが増えること」と断言されて心が明るくなりました。

その理由一、年をとったら経験と知識が増える。若い時には見えなかったことが見え、わからなかったことがわかり、人生の味わいが深くなる。

その理由二、年をとったらつき合う人を選べる。若い時は仕事の上で必要ならばどんな嫌な奴ともつき合わねばなりませんでした。自分を好きでない人に好きになってもらおうとして悲しい思いもしたけれど、今は好きな人を選んでつき合えるし、多くの協力してくれる人がいてくれる。

その理由三、自分にできることとできないことがわかり、できることにすこし工夫して行うので、うまくいって成功することが多くなる。他の人を助け感謝されて幸せを感じることができる。

彼女は七十三歳のおしゃれできれいなプラチナエイジの女性です。どうも日本人は年をとることのメリットより、年をとることのデメリットを数えたて、年をとることを憂鬱に考えている人が多いようです。

日本ではとかく「年をとることは失うこと」と思いこんでいますが、そうした呪いからときはなたれましょう。「畳と女房は新しいほどいい」と考えず、「ワインと友人は古いほど味わい深い」と思いましょう。

ぜひ、「年をとったら幸せが増える」と思う習慣を身につけ自虐年齢観から卒業しましょう。

また気の持ち方だけでなく幸せを実現するよう行動することも大事です。友人がほしいという人は多いのですが、**よい友人がほしいなら自分がよい友人になる。**友人の頼みを聞いたり、メールをしたり、電話をかけたり、こちらからもよい友人になる行動を起こさねばなりません。自分にできる活動を広げていく努力をし、人生の味わいを感謝をこめて周りに広げていきましょう。**「謙虚」あるいは「謙遜」という言葉で何もしないことの責任逃れの言いわけをしてはいけません。**

## できることをできる時に

「年をとると、年齢だけで、もう能力体力がないはずだと決めつけられてしまう」と嘆く人はたくさんいます。コロナ禍でも高齢者が感染すると即重症化と決めつけられ、高齢者がひきこもりになってしまいました。私は「できることをできる時に」というおまじないをとなえて、いろんなことをするように努めています。

多くの日本人も六十歳代は九七パーセント以上、七十歳代になっても九四パーセント以上の人が慢性病を抱えていても自立しています。それにもかかわらず、多くの人は年をとると体にガタがくる、若い時ほどには頑張れないと思い込んでいます。もちろんコロナに感染しても若い人はほとんど症状がないか軽症なのに、高齢者は重症化するパーセントがやや高いなど、意識していなくても総合的体力は衰えつつはあるのでしょうが、個人差は大です。

女性は、五十歳代のホルモンが変化する更年期より、六十歳代以降のほうが安定した健康状態の人が多いのです。男性も悩み多き四、五十歳代より六十歳以降のほうが元気という人が多数います。若い時は要領がわからず、がむしゃらに働き無理をしていましたが、今は自然に仕事ができ、体力の限界を感じないですむという人も多数います。とくに慣れた仕事は負担になりません。

経済力は個人差がありますが、若いころよりいくらかの蓄えもでき、住宅ローンや子どもへの教育費、職業費のような避けられない支出も減り、ゆとりのある人が増えます。アクセサリーやスカーフや手持ちの服も増え、いろんなおしゃれもできるセンスも磨かれています。

若い人と張りあって若づくりをするのではなく、**年をとってからにじみ出る味わいを誇りをもってアピールしていきましょう。**

# 後半期こそおしゃれに

## 年を重ねるほど上質な服装を

若い男女はお化粧や服装の助けを借りなくても、若いというだけで美しく輝いています。若い時の自分の写真を見ると当時は「太って見えて嫌」とか、「なんて目が小さいのだろう」とうんざりしていた写真が、今見るとそれなりに青春を反映して輝いていて、なつかしく見えます。

しかし五十歳、六十歳になると少しずつしわが増え、肌は張りを失い、人によっては贅肉がついたりします。それを補い、自分のセンスを生かすためにプラチナエイジこそおしゃれが必要です。

綿のTシャツにGパンのラフな格好は若者の特権です。年をとっても若いとアピールするため娘と一緒のファッションを楽しむのはやめたほうが無難です。若向きの服は年齢を際立たせます。年を重ねるほどカットのよい質の高い、上質な服装をすべきです。

若い人が地味な色を着ると若さがにじみ出て素敵ですが、年を重ねてから地味な色合いの服を着ると、暗く沈んで見えます。髪がグレイになると明るい色がきれいに映えます。地味な服でもスカーフやストールは明るく華やかな色でアクセントをつけましょう。上質の張りのある布や、気のきいたデザインやカットが体の線を優しくカバーしてくれます。日本ではブランド物を持つ若い女性が多く、外国人から驚かれることが多いのですが、高価な質のよいブランド物は若者でなく年を重ねたムッシュー、マダムにこそふさわしいのです。

退職したらネクタイやスーツは苦しいから着ない、とにかく楽なほうがよいと自分を甘やかしていると、どんどん見苦しい高齢者になっていきます。

私の好みですが、ループタイや日常のロングスカートはいかにも年をとりました、引退しましたという雰囲気を漂わせるような気がしますから、避けたいものです。ふだんはセーターにGパンの楽な格好をしていても、外出する時や公式の場ではきちんと装うようにこころがけましょう。

## 姿勢のよさは七難隠す

プラチナエイジこそ、今まで大事にして着る機会が少なかった着物やドレスも、どんどんいろんな機会に着て楽しみます。高価だったカバンやハンドバッグやアクセサリーもしまったままにしておかないで、いろいろ工夫して使います。どうしても好みが変化して使わなくなったアクセサリーなどは、喜んで使ってくれる人がいるうちにプレゼントしたほうがモノの命が活きます。

大事なのは清潔感です。汚れていなくても洗濯をこまめにし自分では気がつかない体臭を消すために、おふろやシャワーを欠かさず、爪もきれいに整えて、マニキュアやペディキュアも楽しみましょう。ほのかなオーデコロンの香りも素敵です。

女性のメークアップもプラチナエイジにこそ必要です。美容研究家の小林照子さんはいつも美しく、八十歳代半ばという年齢が信じられません。老人ホームの女性たちにメークアップしてあげると心も若返り、頭にもいい刺激になるといわれます。私達も普通の生活のなかでも肌の手入れをし、眉をひいて口紅をさし、きれいに見える努力をすべきです。きれいにしようというその心意気が若さをもたらし、きれいに見えると自信がわきます。

重要なのは姿勢です。姿勢のよさは七難を隠します。胸を張り、頭を上げて顎を引き、大またですっすっと歩くのと、前かがみになってしょぼしょぼ、よたよたと歩くのではまったく違います。

# 過去にしがみつかない

## 会社のことは過去のこと

ＯＢ・ＯＧを大事にするのは強い組織の特徴です。カソリック教会は二千年近く続く組織ですが、独身で働いてきた神父さんや修道女たちの一生を保障し老後をしっかり支える修道院や病院が整備されています。米国の軍人も、恩給は手厚く退役したあとまで病院やクラブを利用できます。

日本の企業が二十世紀のころは終身雇用、年功序列で企業一家といわれるほど団結が強く、退職したＯＢを大事にしたのは、企業への忠誠心を強めるうえで大きな効果がありました。

しかし、日本の経済が衰えるなかで、それができる力を持つ企業は少なくなってきました。OB・OGたるもの「いつまでもそれに甘えるのは潔しとせず」という気概を持ちたいものです。退職したら、後輩から頼まれれば手助けをしたり、名前を貸したり、サポートする姿勢は持ち続けたいと思いますが、こちらからあれこれ口を出したり、便宜を要求したりするのは遠慮しましょう。現に忙しい現役の後輩は、退職した先輩を大事にする余裕はありません。

また自分の生涯をかけた職場に対して、よい思い出ばかりでなく、「こんなに働いたのに会社は俺を評価してくれなかった」、「あいつに邪魔されたおかげで昇進できなかったのだ」とか、「あいつより俺のほうが仕事ができたのに、あいつのほうが出世して許せない」と言った恨みを持ち続けている人がいます。

**退職したらそれは「過去のこと」と心の整理をつけなければなりません。忘れることはできなくても、思い出さないように努力しましょう。**

私も、公務員時代に冷たい仕打ちをした人や意地悪だった人の言葉を思い出すと、今でも悲しくなるので、嫌な言葉は忘れるように、思い出さないようにしています。

## 親友ならぬ、新友を持ちましょう

退職後も元の職場にしがみつくのは、それ以外の世界を持たないからです。過去を悔やんでも、過去にわだかまりを持っていても過去は変えられません。一緒に仕事をした仲間への懐かしさや親しみはそれはそれとして、退職したら会社以外の新しい世界、新しい友人を開拓しなければなりません。人生で大事なのは親友でかけがえのない宝ですが、親友は年をとると少しずつ減っていきます。ぜひ新しい場で新しい友人、新友を持ちましょう。新しい友人たちはあなたの過去の挫折や恨みなんかにまったく関心がありません。新しい働き口、地域のこと、趣味、ボランティアなどに忙しくしていてOB会には五〇パーセントから三〇パーセントの打率で出席する、という程度のやわらかいつき合いを目指しましょう。

スポーツや趣味は新しい人たちと知り合うきっかけになります。**ぜひ知らない仲間の多い新しい場に自分を置きましょう。**昔の仲間のほうが気心がわかっていて気楽ですが、**知らない相手と新しいスポーツや趣味を楽しむチャレンジ精神が気持ちを若く保ち、新しい出会いもうまれます。**

# 人生の四季——60・70では白秋

## 秋はすてきな季節

誕生から死まで人生を四つに分ける考え方は、インドでも、中国でも行われてきました。中国では青、赤、白、黒の四色と四季を組み合わせて青春、朱夏、白秋、玄冬と呼び、インドでは学生（がくしょう）、家住（かじゅう）、林住（りんじゅう）、遊行（ゆぎょう）の四住期と呼んできました。

青春という言葉は、現在の日本でも青年期をさす言葉として使われています。朱夏は壮年、白秋は中年と季節をさす言葉に人生を重ねています。

インドの分け方は、学びと修行の学生期、ひとところに落ち着き、家庭を持って仕事に打ち込む家住期、活動範囲を社会に広げ貢献する林住期、ひとりの個人としてものにとらわれず、ありのままに楽しむ時期というように、活動の場と目的で分けています。

今の日本の長寿社会では青春、学生期は一人前の社会人、職業人になる修業をする二十歳代末くらいまででしょうか。その後三十歳代から五十歳代までは一人前の働き手として活動し、結婚し、家庭を持ち子どもを育てる、人生も盛りの朱夏・家住期です。

**六十歳代、七十歳代は、社会的活動に範囲を広げ、次世代の育成や社会貢献に活動を広げる白秋・林住期**、八十歳代以降は玄冬・遊行期という感じでしょうか。

とかく日本人、特に男性は定年で退職すると林住期を飛び越して、すぐ遊行期に入ってしまう感じでした。女性は孫育て、親の介護などの「仕事」で、六、七十歳代でも忙しいのと対照的です。仕事から解放されたら、あとはわが身御大事の健康第一の生活になり自分の趣味を楽しむ、悠々自適の生活をすると考えていました。それは遊行期であって早すぎる晩年です。

社会活動をするのはお金に余裕のある名士や富裕層だけ、社会のトップまで行った人だけが財界活動をする、そうでない人は旅行や趣味で楽しく過ごせばいいのであって、世のため人のためなんておこがましい、せいぜい健康保持の運動と気晴らしのボランティアをしていればよいと考える人が多いのです。
しかし**秋はすてきな季節です。まだ厳しい寒さはなく気候はおだやかで、これまでの努力や仕事の成果が収穫として実ってきます。**

## 社会への貢献を目指す

今後、高齢者が更に増えるなかで、この時期の高齢者が自己中心的に過ごすのか、次の世代や社会に尽くすという気持ちを持つかどうかで、社会の雰囲気はガラッと変わります。

高齢期のわが健康が心配だ、資産管理をうまくやって少しでも資産をためなければ貧しい老後が待っていると悲観していては落ち込むばかりです。日本の高齢者は平均では経済的にそれほど苦しくない生活を送っていますし、平均寿命が長いことでもわかるとおり、七十歳代で九〇パーセント以上が自立生活に支障のない程度の健康状態なのです。ただ、個人差が若い時よりずっと大きくなります。知識・経験・健康はそろっている人が多いのですから、気力、意欲を持って社会とつながっていく、社会に貢献していくことを目指すべきです。

公的年金の財政状態が悪化するなかで、支給開始年齢が七十歳に繰り上げられるのは想定内です。もちろん個人差があって、もう健康を害してしまった人は働くことは難しいですが、標準は七十歳代もやわらかい働き方をするよう、できるよう職場も社会も再設計しなければなりません。

## 「夢」と「志」を持つ

### 年を重ねただけで人は老いない

老驥、櫪に伏すも、志、千里に在り。
烈士暮年、壮心已まず。

これは「Red Cliff」の時代の魏の曹操の詩「歩出夏門行」の一節です。
曹操は「乱世の英雄、治世の姦賊」といわれる風雲児です。後漢の末期、宦官の家系から出て群雄のなかから頭角を現し、中原をほぼ制定しましたが、赤壁の戦いで呉と蜀の連合軍に敗れ天下統一はできませんでした。しかし息子の曹丕は、後漢の献帝から禅譲を受けて即位して魏の文帝と称し、父の曹操には武帝と諡をしました。その名のとおり曹操は戦いにあけくれた人生を送りましたが、同時に学問や文学を愛好し、スケールの大きな優れた詩人としても知られます。

この詩は、二〇七年から二〇八年にかけて行われた烏丸遠征を歌ったものです。漠北の地での戦いは苦しく、食糧や水の不足に苦しみながらも勝利し大きな成果を得ました。

冒頭の詩句は、「駿馬は年老いて、厩の飼い葉おけに伏していても千里をかける夢を持っている。勇ましい男子も年老いても盛んなる心は衰えない」、どれだけ年を重ねても志は若い時と変わらないという意味です。そのあと「長く短き定めなき命の限り」、人間の寿命の長短は天の定めでわからないが、努力いかんによっては不老長寿に到達することもできる、曹操自身の意気盛んな気持ちを歌っています。「年を重ねただけで人は老いない、理想を失う時初めて老いる」というサムエル・ウルマンの「青春」の詩が多くの元気な高齢者に愛好されているように、曹操のこの詩句も多くの東洋の高齢者に勇気を与えてきました。昔、福武直東大名誉教授が社会保障研究所（当時）の所長室にこの詩を掲げておられたのを思い出します。

千里を走った名馬が年老いて厩で安らかな老後を送っているように見えても、千里の野をかけた時の夢が忘れられないように、年老いても若い時に抱いた志は衰えない。曹操自身が、時には権謀術策をめぐらす政治家、時には勇壮な武将、時には民衆の苦難に胸を痛める詩人という多面性を持ったスケールの大きな人生を生きただけに、高齢者の自尊心を刺激し、積極的な生き方を鼓舞する言葉となっています。

当時としては高齢の六十六歳まで生きた曹操ですが、今の私達の平均寿命はそれを大きく上回っています。

## よりよい社会を次代につなぐ志

現代の高齢者も年金を受給し、のんびり暮らして老い込んでしまうのでなく、困っている人を助けよう、いい仕事をしたい、社会に貢献したいと「夢」や「志」を持ち積極的に生きることで、高齢期を充実して生きられるのではないでしょうか。私としては「男子」だけでなく「女子」もこうした「志」を持ってほしいと願います。

自分と家族の幸せばかり求めるのではなく、**私達が生きている地球をよりよくして次代につなぐとか、不正や不公平のない社会にするために努力する、自分が今まで受**

**けてきた多くの恩恵に少しでも恩返しをする、というように考えると、なすべきことはたくさんたくさんあるのではないでしょうか。**そしてまだまだ未熟な私（たち）はもう少しできた人間に成長したいと思っています。今までの高齢者は「あいうえお」でした。今さら高齢者が何かしようと思っても無理だとあきらめる、大それた望みをいだかず分に安んじて生きるのがよいとおとなしくすごすと思うべきだとマインドコントロールされていました。

**「夢」なんてかないっこないと思った時から、夢は消え、心が萎（しぼ）んでいきます。**

# 人生後半期は「与える人」になる

## 与えよさらば与えられん

人生後半期のあらまほしき姿は人それぞれですが、私は「与える人」というイメージを持っています。問題は何を与えるかです。

お金を寄付するだけではありません。たとえば、生活の知恵、伝統的な風習、職場で得た知識、子どもの世話、人生の経験を積んだ高齢者は自分で自覚していなくても経験から得た知恵や知識を持っています。あまり押しつけがましくないよう気をつけなければなりませんが、そうした経験や知恵を若い人たちに伝える、教える、という努力をしましょう。

自分がこの年まで健康で、家庭を持ち、曲がりなりにも社会生活を送ってきたのはもちろん自分の努力もありますが、親、兄弟、配偶者、先生、友人、先輩、上司、同僚、部下など数えきれない人の世話になり、多くのものを与えられてきたからです。社会を豊かにし、平和で安定させるために努力した人たちに感謝しなければなりません。

人生前半期は無我夢中で自分のことに精いっぱい、自分の仕事や家族で精いっぱいだった人も、後半期になると少し余裕が生まれてきます。今までのお返しに、世話になった人、あるいはその本人でなくとも、自分の周りで自分を必要としている人にアドバイスしたり、世話をしてあげるのです。親からしてもらったことを親には返さなくて子どもに与えるように、自分が受けた恩を別の人に別の形で与えていくのです。

## できる範囲で、できることを

もちろん私達は聖人でもなければ君子にもほど遠いですから、自分を犠牲にしてまでも他人の世話をするというような美しい行為をするのは困難です。私達凡人はできる範囲で、負担にならない程度に自分のできることをすればよいのです。

それはお金やモノをプレゼントするだけでなく、賢いアドバイス、あたたかいもてなし、手づくりの料理、悩みを聞いてあげる、苦しさやつらさに共感する、一緒につき添ってあげる行為、すべて含まれます。

仏教に「無財の七施」という言葉がありますが、和顔、愛語、席を譲ることなど、日常的な思いやりに裏づけられた行動をとることです。そしてそのように与えることに努めていると、知らないうちに相手から相談されたり、頼りにされたり、お礼を言われたり、思いがけないところで好意が返ってきたりします。利他的な行動は自分の心を幸福にするだけではありません。「情けは人のためならず」で返ってきます。これを実践するのがプラチナエイジのあらまほしき生き方ではないでしょうか。

**逆にいくら財産があってもそのお金を自分と自分の家族以外には使わない人、いくら経験豊富でもそれを後輩に伝えようとしない人、知識や知恵があっても社会や人のために与えない人は持っていない人と同じです。**

**しかしいくら与えようという意欲を持っていても、相手のニーズを汲みとる力がないとおせっかいで終わりますし、知識、経験など役にたつ力がないと与えることはできません。**人生前半期はその力をつける経験や知識やスキルをしっかり仕込んで、後半期はそれを与える人になりたいものです。

# 今をていねいに生きる

## 目の前の仕事をていねいに

「年をとると時間が早くすぎるから、やらなければならないことからやる」と言った友人がいます。若い時はあれもこれもしたい、あれもこれもできると思っていたのに、年をとると、あっという間に時間がすぎていきます。

人生で残されている時間は長くない、だからこそ、あれもしよう、これもしようではなく、今目の前の仕事にていねいに向き合わなければなりません。たくさんのことを中途半端にするのが時間の無駄です。料理をする時は料理に心をこめておいしくなるように下ごしらえをし、いい素材を使い、じっくり時間をかけて味わう。じつは私は、共働きをしてきた習性で、時間のできた今でもつい料理をばたばたと短い時間に何種類もつくろうとしてしまうので、反省しています。

手紙を書く時は、字は下手ですが、相手のことを思いながら、便せんや封筒を選んでていねいに書く。人と会う時は相手の言葉に耳を澄まし、意図を理解し、できるだけよい意見、よい情報を提供するように努めます。

私もおかげさまで多くの人に読んでいただける本を書けましたので、雑誌やマスコミの方とも会う機会が増えましたが、私と会ったことが相手の方のプラスになるように、相手の方に役に立てるよう努めています（そうはいっても、自分の力に限界があって役に立てないことも多いのですが）。

講演も同じ人たちに二度三度お話しする機会はない一期一会の貴重な機会ですから、できる限り、自分の考えていること、ぜひお伝えしたいことを話すように努めています（その分、ついまじめな話になって面白おかしく話すのが下手なのですが）。

そして自然の美しさ、いとおしさを感じる気持ちを持ち続けたいと思います。東京に暮らしていても、太陽や月の美しさ、雲の美しさは心を明るくしてくれます。季節の移ろいとともに、梅、沈丁花（ちんちょうげ）、辛夷（こぶし）、桜、藤、あやめ、さるすべりなどの花の色や香りを心ゆくまで味わいたいものです。

## 限られた時間を全力で味わう

**子どもたちの幸せは高齢者の幸せ、成長していく若い人を見るのは大きな喜びです。若い人に少しだけ役に立つ、助けることができれば幸せです。自分の子どもだけでなく、そうした幸せを感じる相手が多いほど、自分の幸せの総量が増えていきます。**

母が九十二歳で亡くなる数年前から、何を見ても「なんてきれいだ、盛りの人はみな美しい、子どもたちはみなかわいい、一生懸命生きている人はいとおしい」と言っていたのを思い出します。

どれだけ高齢社会になり、長生きする人が多くなったといっても、不老不死になることはあり得ません。限られた命だからこそ生きている時間を充実して生きる、全力を尽くして味わうことが必要になってきます。

がんや難病にかかって余命は何ヵ月と宣言された人は、その理不尽さに苦しみ、なんで自分がと、運命を呪うとともに、何気なく生きてきた日常生活が限りなくいとおしく思えるようになるといいます。

何十年を生きてもその喜びに気がつかず、ぼんやり生きるより、何ヵ月間かをいとおしんで生きるほうが、充実した人生を生きたといえるかもしれません。**今をていねいに生きる、精いっぱいいいとおしんで生きる時間を積み重ねていることが大事なのです。長く生きてきた今こそ「今を切(せち)に生きる」という言葉に共感します。**

これは最近よくいわれる目の前のモノや行為に心を集中するマインドフルネスと相通じる考え方です。

# 親から子へ伝えるべき資産

## お金では買えない大事なこと

　親たちが子どもに伝えるのは貯蓄や不動産だけではありません。私達高度経済成長期の日本人の多くは、まじめに努力し親から教育費を出してもらえればそのあとは自分で働いて生活し、家を買い、自分で老後に備えました。親たちの貯蓄は大きくなく、兄弟の数が多いこともあり、親から財産を相続する人は企業経営者などの資産家か、政治家、開業医ぐらいで、多くはありませんでした。

　しかし、親から子どもが受け継ぐのは不動産や貯蓄のような資産だけでしょうか。

私はそれより、親から子への教育、生活態度、生活哲学、あるいは親の人脈など、無形の資産の価値が大きく、それには相続税はかかりません。

**学ぶこと・教育を高く評価する、努力をすることをいとわない、贅沢や無駄を好まない、まじめに働く、こうした無形財産こそ、親が子どもに伝えるべき資産だと思います。挨拶ができる、礼儀正しくふるまえる、ていねいな言葉遣いができる、など身につけた無形の相続資産は、何億円もの財産を残すより子どもの人生を豊かにするに違いありません。**

かわいそうなのは、お金では買えない大事なものがあることも知らないで育つ、自分のほしいものをできるだけ苦労をしないで手に入れるのが幸福なのだという、誤った考え方をそのまま受け入れて育つ子たちです。そうした**世間の「流行」の考え方と一線をひく「不易」な価値こそ、長い人生を生きた親が子に孫に伝えるべき資産です。**

## どんな時代にも通用すること

私の考える不易な価値の一端を並べてみますと、

①一時の成功不成功で有頂天になったり、落ち込んでしまわないで着実に生きる、②情けは人のためならずなので、自分ができる時にできるだけ人を助けておく、③意

識しないで人を傷つけたり恨まれないように、現在の相手の肩書、能力、美醜、年齢などにかかわらず、どんな人にもていねいに接する、④幸運で手に入れたお金やモノより、努力して身につけた知識や技術や経験が最大の財産、⑤うそをつくと必ずばれるか、それをとりつくろうために大変な苦労をするからうそはつくな、といった考え方はどんな時代にも通用します。それを言っても子どもは古いとばかにしたり、嫌がられたり、反発されるかもしれないのですが、将来必ずその価値がわかります。

えらそうなことを言うのは照れ臭い、自分もできないことを子どもにしろとは言えないというのは謙虚でなく責任逃れです。**今まで生きてきたなかでわかってきた、子どもに聞かせておきたい自分なりの哲学をぜひ伝える努力をしましょう。自分なんて大した人間でないからと謙遜するのは、次の世代に伝えるべきことを伝える責任から逃げることです。どんないい考えも伝えなければ伝わりません。伝える努力をするのが親から子へのプレゼントですし、子どもにもいつかそれがわかるはずです。**

# 第二ヵ条　人間関係の器量を磨く

## ——後半期からは貯蓄より「貯人（ちょじん）」

## プラチナの言葉

人と交わるにはその長を推して、その短を違う。故に能く久し。

『孔子家語（けご）』

〈現代語訳〉人とつき合う時に、相手の長所だけを見て短所は見ないようにする。そうすれば長続きする。

## 「人の縁」を自分で選ぶ

### ネットワークは大人の楽しみ

長く生きているといろんなネットワークに属します。たとえば小学校、中学校、高校、大学の同窓会、同級会、就職した職場の同期会、配属された部署のOB会、趣味の会、スポーツの同好会、勉強会、ボランティアグループ、地域の仲間など数々あります。そのすべてのネットワークを保つことは不可能ですが、そのなかで居心地のよいネットワークにはしばしば出席して居場所をもちましょう。

世話好きな人のところには幹事役がいくつも持ち込まれますが、退職したらそうした会のうち自分が親しみを感じるグループの一つか、二つの幹事役を引き受けましょう。幹事同士で親しくなることもありますし、新たな活動に取り組むこともあります。血縁、地縁、社縁でない、自分で選ぶ人の縁です。

評論家の樋口恵子さんは「高齢社会をよくする女性の会」を三十年以上にわたって続けています。家庭で介護を担うお嫁さんの声を集め、介護保険制度を生み出す大きな力となりました。今も一年に一回、各都道府県回り持ちで全国大会を開催していま す。

## 無二の親友より十人のユル友

同窓会&OBや高齢者団体のネットワークは同じ世代の人が多く、話題が共通で、共感し合うことも多いのですが、時には別の世代の人と出会う場も必要です。今はTwitter（ツイッター）、Facebook（フェイスブック）などSNSのサイトを通じていろんな人と知り合う機会があります。

若い男女にとっては、情報リテラシーがないと危険な交友もあり得るので注意が必要ですが、高齢者は食わず嫌いで敬遠せず、堂々と本名を名乗って、自分の意見を表明してください。思いがけない世界が広がり、オフでも会おうということになるかもしれません。

旅行社が主催した海外のパック旅行がきっかけで参加者同士が仲良くなって、一緒に別のパック旅行に参加したり、自治体の社会教育講座で知り合った人たちがその講座が終了したあともネットワークをつくったり、いろんなネットワークにこれからも出会うでしょう。**自分をすべて理解し、信頼できる親友がいればほかの友人はいらないと肩に力をいれるのではなく、会って楽しく話し、時に一緒に出かける友人がたくさんいると、日々の暮らしが豊かになります。**ファッションデザイナーの花井幸子さんも、「無二の親友より十人のユル友」と言っておられます。新しい場にでれば新しい出会いがあります。新しい友人とゆるやかにつながっていきましょう。

働いていた時は、時間も気持ちの余裕も少なく、仕事に役に立つかどうかなどと実利的観点のネットワークもありましたが、退職したら時間の余裕もあり、交友そのものを楽しめる境地に立ちやすいはずです。**くれぐれも現役の時の肩書を振り回したり、愚痴や自慢話をしてひんしゅくを買わないように、楽しい、明るい、優しいプラチナ的人間を目指しましょう。**

# 後半期の賢いお金の使い方

## 幸せに生きるお金の使い方

毎月の生活費は、どの程度の生活を望むかによって千差万別です。総務省の家計調査によれば、高齢夫婦無職世帯（夫六十五歳以上妻六十歳以上）の家計支出は、平均でひと月約二十四・〇万円。年約三百万円です。一年に一回は海外旅行、月に一回は国内旅行、週に一回は外で食事というなら、それに応じて夫婦で約二百万円ほどは上積みしなければなりません。一方で、平均以下の支出でつましく暮らす人もいます。

それに対して厚生年金の平均支給額は男性で十六・五万円、国民年金は五万六千円。問題はこの数値はすべて平均値で、高齢者ほど個人差が大きいことです。

子どものことも、住まいのことも変動要因ですが、健康についても介助やつき添いが必要な状態か、最後まで自分で生活できるかどうかにより大きく違います。病気になってもすべて保険の範囲内の治療をするか、自費で保険外の治療を受けるか、入院し個室にして差額ベッド代を払うかどうかにより違います。

最大の不確定要素はどの程度長生きするかわからないことです。七十五歳で死ぬのと、百歳で死ぬのとでは、生活費はかなり異なります。理想からいえば、死ぬまでに手持ちのお金や資産を使い果たし、差し引きゼロになって死ぬのが経済的には一番合理的なのですが、なかなかそうはいきません。

どんなことがあっても安心できるだけのお金を準備したい、子どもたちに残してやりたいと思うと限度がありません。絶対あってはならないことですが、国が財政破綻し超インフレが起こる、あるいは戦争が起こるなどという事態になったら、平時の常識は通用しません。蓄えも無価値になります。でもそれはないと考える、あっても不可抗力だとあきらめる。

今想定できる範囲内で自分はここまで蓄える、それ以上は神様に任せると達観し、あとは自分や家族で助け合うことです。コロナと同じで、想定外のことが起こるのが現実です。将来を一〇〇パーセント完全に備えることは不可能と腹をくくりましょう。

## 少しのお金で最大の幸せを引き出す

その前にできることとしては、①自分の資産をすべて、預金、国内外の株・債券などのうち一つに集中しないで、分散してリスクに備える、②だれかに任せてしまわないで、自分で調べて選ぶ、③信頼できる専門家にアドバイスしてもらう（最終的には自分で判断する）、④うまい話は疑う、などでしょうか。

このように、生活費を確保したうえでの話ですが、プラスアルファのサムマネーをどのように使うかということも、高齢期の人生に大きな影響を与えます。

ソニア・リュボミアスキー（カリフォルニア大学リバーサイド校教授）は、あまりお金を使わずに最大の幸せを引き出す知恵として、たとえば、たまに大きな楽しみにお金を使うより、たくさんの小さな楽しみにお金を使うといっています。高価なレストランに行かなくてもちょっとぜいたくなコーヒー一杯、ちょっと高価な調味料が毎日の生活に満足と楽しみを与えてくれるといっています。**お気に入りの古いDVDや本を読みなおす、また、自分のためのモノを買うより他人のためにお金を使う、モノを買う**

**より経験を買うほうが満足度が高い……などなど、これは高齢期を幸せに生きるためのお金の使い方の知恵です。**

そして、できるだけ自分で買い物に行く、納得して選ぶ品がある行きつけの店を持つようこころがけましょう。

# 今あるお金で豊かに暮らす

## 心を豊かにする使い方

今あるお金を上手に、生きた使い方をしてプラチナエイジを豊かに暮らしましょう。お金を無駄に使うのはよくないことですが、出費を抑えることばかり考えないで、心を豊かにする賢い使い方をすべきです。

食費は、自宅でつくれば材料費だけでおいしいものが食べられますから、素材はいいものを選びましょう。量は少なくていいのです。みそ、しょうゆ、お酢は最高のものをふんぱつしましょう。友達との交際も家に招けばおいしいものを安く食べられるだけでなく、親しくなれます。

衣服費は新たに買う必要はあまりないでしょう。むしろ手持ちのアクセサリーを人にあげたり、処分しなければなりません。靴や小物、流行のアクセサリーなどで目先を変えておしゃれをしましょう。

男性たちの中にはいいものは高い、高いものがいいものと信じている人がいますが、それはまったく認識不足です。自分の好みや選別眼を磨いて、掘り出しものを探す楽しみを味わいましょう。お金を使わなくてもセンスのいいものをフリーマーケットで見つける、バーゲンでお買い得を見つけるのも、時間ができた高齢期のお楽しみです。買い物は気分をあげます。

交際費、とくに冠婚葬祭にかかわる出費はなかなか大きな負担です。ある公務員OBの方は、それまでに自分がもらったお香典やお祝いの額を書きとめていて、釣り合う金額を出すようにしていましたが、退職とともに、一律五千円にしてお返し無用ということにしたそうです。

そうした義務的な交際費ではなく、**友達と会っておしゃべりし、たまには飲んだり、食べたりするお金は人生の潤滑油です。そうした費用はぜひ確保しましょう。**

家に招くのはとてもいい交際スタイルですが、料理をつくるのが面倒ならば惣菜の持ちよりで、飲み放題、食べ放題ができます。最近では各地の名物や名産品のとり寄せが充実してきました。

## 高齢期の習いごとを長く続けるコツ

教養娯楽費も大事です。子どもの教育費は必要経費として快く出す人も、自分の教育費、学習費は出したがりません。たしかに日本舞踊や謡曲など、伝統芸能の習いごとには非常に高価なものがありますから一概に言えませんが、自分で何か一つか二つ、気に入った習いごと、あるいはサークルに入り、活動するお金は必要経費として計上しましょう。

家計支出の一〇パーセントを教養娯楽費に充てるつもりで予算を組み込んでおきます（年に三十万円ほど）。

都道府県や市区町村の主催する講座は、比較的低額です。公民館、市民センター、男女共同参画センターなどいろんな組織の公募情報を広報誌などで調べると、多種多様な生涯学習講座が開催されています。

それより費用は少し高いですが、デパートや新聞社が開催するカルチャーセンター、多くの大学が主催するオープンカレッジなどいろんな学ぶ機会があります。興味のあるものに参加してみましょう。オンラインの講座も充実してきました。

はじめはいくつも「どれがいいかな～」と試してみてもいいですが、そういうカルチャー難民の段階は早めに卒業します。これというものが見つかったら、持続することです。たとえ月に一回でも五年、十年、二十年と同じテーマで学習を続けていると、自分の居場所もできます。

また、**始めるのに遅すぎるということはありません。五十の手習いも六十の手習いも、八十の手習いもあり得ます。**

私の母も、七十歳をすぎてから近くの大型ショッピングセンターのカルチャーセンターで開催されていた短歌の教室に通い始めて、十五年も続きました。あまり上達しませんでしたが、グループの方々に大事にいたわっていただき、居場所を得て喜んでいました。もう一つはアートフラワーです。短歌には娘時代から親しんでいた母も、年をとってから勧められてアートフラワーを始めました。たくさんコサージュや花をつくって、人にプレゼントしては喜んでいました。

こうした母を見ていると、高齢期の習いごとは、上達しなくても続けることができる、いい仲間が多いという条件が不可欠だと思いました。

続けて嫌にならないためには、その分野が奥深いこと。短歌や俳句などの文芸、書や絵画や陶芸、合唱、オーケストラなどの芸術系、ヨガ、太極拳、気功などの健康系など、極めれば極めるほど奥深いので飽きません。

長く続けるもう一つの条件は、通いやすいことです。電車の乗り換えをしたり、通うのに時間がかかるとだんだん負担になります。

こうした講座や習いごとも続けているうちに、世話役や幹事役を引き受けたり、運営委員を頼まれたりという機会があります。そうした機会は新しい世界、新しい出会いをもたらしますから積極的に引き受けましょう。公立図書館でのボランティア、公民館の運営委員、そうした学習にかかわる小さな公職が、大きな出会いを持ってくることがあります。

# 大学に入学して、学びなおす

## 若い同級生と机を並べる

日本の大学のキャンパスは二十歳前後の若者で占拠されています。しかしアメリカでは大学には、いろんな年齢層の人が学んでいます。

日本でも大学の地域貢献として公開講座を開いたり、オープンカレッジなど社会人を対象とした組織を別に持っている大学が多いのですが、それはカルチャーセンターや自治体の社会人講座と似ています。**本当に大学で学ぶならば大学や大学院に正式の学生として入学し、きちんと単位を取って卒業することを勧めます。若い同級生と机を並べて、ゼミの討論に参加したり講義を聴くのです。**

大学は十八歳人口が減るという背景もあって、社会人の受け入れに取り組み始めています。とくに多くの文科系の大学院は、東大など一部の有名大学を除いて定員割れをしているので、社会人向けの入試を行い、学部を卒業してそのまま進学してくる、いわゆるストレートマスターと別枠で、社会人を受け入れています。

小論文、研究計画、面接をしっかりこなせれば、学科試験は少し点が低くても気にする必要はありません。入学後も必要になりますから、英語を少し勉強したほうがいい程度です。出身校や大学での専攻より、現在の職業に関連した専攻学科を選び、自分の今までの経験を体系づけてみたいという研究計画は歓迎されます。

昭和女子大の大学院にも、海運会社で働き、アメリカの子会社のＣＥＯ（最高経営責任者）を務めたビジネスマンが、どうしてアメリカと日本では女性の職場での活躍ぶりが違うのだろう、という疑問を解明したいと言って入学して下さいました。修士号を取って博士課程に進学しました。私の八十四歳の友人も、女性史の論文を書きたいと大学院に入学するそうです。

どの大学を受けるか決める前に、自分が興味を持つ分野の研究者、本の著者がどこで教えているか探します。「ぜひあなたのもとで勉強したい」と望んで来る受験者がいたら、その教員もうれしいはずです。

## 仕事とも十分両立できる

大学院修士は三十単位ほどで卒業できます。一学期に三、四コマ授業を取り、卒業論文を書くというペースです。理科系は実験しなければならず、時間も厳しいようですが、文科系、社会学系の職業人の〝学びなおし〟の機会となるプログラムなら、ほかの仕事や活動と十分両立できます。

経営大学院、会計大学院などの実務系大学院も社会人学生を多数受け入れていますが、こちらは職業生活に直結し、国家試験やステップアップを目指す社会人学生が主流です。一方授業料はこうした実務系大学院は高いことを覚悟しなければなりません。

学位を取るまでのお金も気力もないという人は、学部の科目等履修生に登録したり、聴講生として、気に入った先生の気に入った授業を受けるという道もあります。科目等履修生は試験も受け、単位を認定されます。

二十歳前後の学生と同じキャンパスで学んでいるといい刺激を受けると思います。あまり大教室の講義でなく、小規模のゼミ、演習を選べばいいのですが、なかにはゼミは正規学生だけという大学もありますので、受験前にチェックしましょう。

社会人を対象とした大学として放送大学があります。これはきちんと入学手続きをし、テレビの放送を視聴し、レポートを書き、スクーリングという授業に出席して単位が認められます。

通信技術はどんどん進歩しており、コロナの影響でオンライン授業が普及したので、大人は学びやすくなりました。サイバー大学とか、インターネットで授業を受けるシステムの大学も生まれています。大学の授業と同じ内容で、双方向の質疑応答などもできます。どのシステムでも、所定の単位をとれば正式に大学卒業の資格が取れます。しかし最後までやりぬくのは難しく、途中で投げ出す人が多いので、勉強仲間をつくるとか、続ける工夫が必要です。

# 後輩とのつき合い。五つの鉄則

## 後輩をほめる、宣伝する

現役で仕事をしていた時の部下は、一緒に苦労した思い出を共有する懐かしい仲間です。たまにその時のメンバーが顔を合わせて思い出話をするのは退職した人の楽しみの一つです。

しかし、そうした後輩とのつき合いの鉄則が五つあります。

第一は、お説教をしないことです。先輩としていろんな経験を伝えたい、教えてやりたいと願う気持ちはよくわかりますが、聞かれないのにこちらから後輩に自分の意見を押しつけると後輩は困ってしまいます。

現役尊重、現在の当事者は当事者として状況の変化と、各種の事情のもとでベストを尽くしています。退職した先輩がこうしたほうがいい、ああすべきだと言うのはストップ。自分の経験談や意見は参考になるかもしれない知識として、時間がある時にほんわり伝える程度にとどめます。

第二は、後輩に感謝し、役に立つことです。

自分がこれをした、あれをしたでなく、その時に後輩がしてくれたことを、思い出話として語り、感謝し、要所には宣伝してあげます。自分のネットワークの人に紹介してあげる、頼まれたことに便宜を図ってあげる、世話をする、外野から援護射撃をするつもりで応援する。それが先輩の心得です。ほめてあげる、宣伝してあげる。

第三は、ていねいに礼儀正しく接することです。現役の時は相手が自分に敬語を使ってくれたかもしれませんが、退職したら（子会社へ行ったら）、年下の後輩にこちらが敬語を使わなければなりません。敬語でなくても、せめてていねい語です。「○○ちゃん」と読んだり、「昔君が新入社員の時は……」と先輩風を吹かせるのは煙たがられるだけでなく、人間として寂しい行動と自覚しておきましょう。

## 明るく楽しく上機嫌に

第四は、会う回数を少なくすることです。同窓会は一年に一回以上になると負担になります。

近況を確認し合い、旧交を温めるには一年に一回がちょうどよい頻度です。お花見や月見、節分など季節の行事と組み合わせるといいかもしれません。幹事役を喜んで引き受けましょう。

第五は、経済的に少し後輩より多めに負担することです。現役の人たちは家庭を維持し、子どもを教育し、自分も勉強したり人とつき合う職業費も必要なので、お小遣いに余裕がないはずです。

大盤振る舞いの無駄遣いをする必要はありませんが、ご馳走したり、会費を多めに払ったり、少し余裕を持ってふるまいましょう。

しかし**一番大事なのは、明るく楽しく上機嫌なプラチナ的人間でいることです。後輩から、自分も年をとったらああいう人になりたいと思われるだけの、健康と知恵と教養と経済力を備えたいものです。それは若い時からの積み重ねです。**そのうえでこのようなデテールに気をつけると、後輩から慕われる先輩になれます。後輩から慕われ、後輩の後援者、応援者、相談相手となるのがメンターです。

# 古い友人を大事に

## 幹事役は回り持ちシステムで

長いつき合いの友人は、家族に劣らず自分を理解してくれる得がたい宝です。

学校時代の友人、職場での友人、趣味や専門分野の友人、どこで知り合ったかわからないけれど親しくつき合っている人、女性なら子育ての時のママ友、ＰＴＡ仲間などいろんな交友があります。人生のあらゆるステージごとに新たな出会いがあります。

しかし人生のいろいろなステージで出会い、その時は何もかもわかってくれる無二の親友だと思っていても、住所が変わったり、職場が変わったり、忙しさの度合いが違ったり、親しい気持ちはあってもいつの間にか疎遠になっていくことがあります。

その時には「親友なのだから、たまには近況報告をしなければ」と、義務感で無理して会わなくてもよいのです。「縁」があれば、また巡り合います。

「きっと忙しいだろう」と、お互いに思いやって遠慮しているうちにすっかり疎遠になってしまう友人もいますが、それもありです。

とても気に入っていたアクセサリーでもつける機会がなくなりお蔵入りすることがありますが、捨てる必要はありません。どこかにそっとしまっておきましょう。友人と会わなくなっても必ず連絡先はわかるように、一年に一回は年賀メールを書くなどのつながりを保持する。そのうちに同窓会など、何かのきっかけでつき合いが復活するかもしれません。

同窓会や同期会は、お互い会いたいと思ってもだれか世話する人がいないと成立しません。しかし幹事役は手間暇がかかるので、「してもいいけど自分からかってでるのはちょっと」という人が多いと思います。三年に一度とか、五年に一度とか開催することを決めたら先々まで幹事役も順番で決めてしまいましょう。

これは友達のつき合いでも応用できるシステムで、私も一年に二度食事をともにする友達がいますが、幹事は回り持ちと決めています。私が若いころに参加した第七回

の青年の船の同窓会も、全国に散らばっている会員が回り持ちで開催して続いていま
す。月番老中（つきばんろうじゅう）ではないですが、幹事回り持ちというのは負担を均分し、みんなが参加
意識を持てるのでいいシステムです。

## 友人は人生の生き証人

アメリカなどでは、自分の社会的地位が上がっていくと友達もそれにふさわしい人
に取り替える、成功していない昔の友人とはつき合わないという実利的な生活の知恵
もあるようですが、それは寂しいと思います。しかし、日本でも友人を「利用」、「活
用」しようと近づいてくる人もいますから、そういう人は「知人」で、「友人」ではあ
りません。

**年をとっていろんな経験を重ねたあとの幼馴染みの気楽さ、同級生の懐かしさ、お
互いの人生の健闘をたたえ合える友人がいるのは後半期の人生を豊かにします。**自分
の人生の「華の時」を知ってくれている人がいる、一緒に頑張った仲間がその苦労を
覚えていてくれるというのは嬉しいものです。

歴史に名を残すことができない私達多くの人間にとって、友人は自分の人生の生き

証人です。人生の成功とは人の心にどういう思い出を残すか、で測られるという見方もあります。古い友人も大事にしましょう。

しかし**生きている限り、どれだけ年をとっても思いがけない出会いに恵まれます。そうした新しい出会いはどれほど年を重ねても大事にしたいものです。**新友のなかから新たに生涯の親友ができるかもしれないと考えると、ワクワクします。

# 器量が試される大人婚、大人恋

## 六十すぎの恋愛は珍しくない

先日ある大学の准教授をしている私の知人が四十二歳で結婚しました。才気煥発(さいきかんぱつ)、エネルギッシュでかわいい彼女がなぜまだ独身なのかかねてから不思議でしたが、ついに結婚しました。お相手は同業者、同じ分野の研究者です。どちらも初婚ですが、お相手の年齢は六十六歳、彼の人柄は穏やかで優しく、才気あふれる彼女を父親のように包み込んでくれそうです。きっと、同じ年ごろの男性たちには受け止められない彼女のエネルギーを、ふんわり受けとめ包んでくれたのでしょう。猪瀬直樹さん、阿川佐和子さんなど、有名人でも六十歳をすぎて結婚している人が多数います。

結婚にはいろいろな機能があります。昔は家業を担い、家業を継ぐ子どもを産み育て、親の老後を支える後継者の役割が期待されました。二十世紀の後半の核家族時代は、夫は仕事、妻は家事育児の分業で子どもを育てました。

今でもその役割は大ですが、子育てが大事業なのはせいぜい五、六年、成長した子どもは二十年あまりで離れていきます（例外もありますが）。そのあとも残る役割は、夫婦がパートナーとして生活を共にして精神的に支え合っていくことです。

三十年、四十年連れ添った配偶者とそうした関係をつくるための知恵、工夫は第三ヵ条にありますが、配偶者がいない高齢者はどうするのか。もちろん「おひとりさま」を楽しむほうが日本では現実的だとは思いますが、もう一度異性と深くかかわるチャンスもパスしてしまわないほうがよいかもしれません。

## 異性との交際が人生を複眼的にする

アメリカの有名大学のある教授は長年ひそかに思っていた女性の夫がなくなると、自分は離婚してその女性と再婚しました。どちらも六十歳をすぎていて女性には四人の子どもがいました。私の友人のルーシーの父上は九十歳で、長年連れ添ったルーシーの母親と死別したあと、八十五歳のガールフレンドと亡くなるまで暮らしました。二〇〇四年の大統領選挙の民主党候補者のケリー氏夫人は、かつて大富豪、ハインツ氏の夫人でした。

フランスの作家マルグリット・デュラス、デザイナーのココ・シャネル、歌手のエディット・ピアフなどは、高齢になっても、最後まで年下の男性と愛し愛されていました。

日本の男性は女性との恋を性的なものに限定しがちで、年を重ねた女性の美しさや魅力になかなか気がつきません。女性との交際経験が豊かな人はほんの一握りで、そういう人は女性と内容のある話ができるのですが、大部分の日本の男性は若い女性が魅力的と思い込んでいます。だから大人の恋が日本ではむずかしいのだろうと思います。それでも、七十歳代の男性からみて五十歳代、六十歳代の女性は「若い」のです。

日本の女性は、五、六十歳になると男性の目を意識しなくなり、女性同士で集まっておしゃべりや食事を楽しみ、旅行をします。そうした**同性同士のつき合いも心が癒されますが、男性と女性がつき合い、もっと異性と話ができれば人生を複眼で見ることができ、楽しみが増えるのではないかと思います。とくに配偶者と死別したり、離**

**別した男性と女性はめげてしまわず、「もう一度の恋」にチャレンジしてみてください。**

でも配偶者のいる男性の場合、女性とのつき合いは夫婦ぐるみを基本にしないとトラブルが起こることがありますからご注意を。

老人ホームの三角関係からの刃傷沙汰などは、「大人」としてどうかと思いますが、そうしたエネルギーを、多くの男女が秘めていることを忘れてはいけません。

# 第三ヵ条　後半期からの「よい夫婦」を続けるコツ

## ——夫婦のソーシャルディスタンス

## プラチナの言葉

生ぜし折もひとり来たりき、
去りてゆかん折もまたしかなり。

後深草院二条『とはずがたり』

〈現代語訳〉生まれてくる時も独り。
逝く時もまた同じである。

## 子育て後の夫婦は親からパートナーへ

### 「エンプティ・ネスト」にならないために

日本の夫婦はお互いを「お父さん」「お母さん」「パパ」「ママ」と呼び合う夫婦が多数派です。現在でも名前で呼び合う夫婦は少数派です。それを象徴しているように、ある年齢以上の夫婦はお互いが異性というより家族、子どもの母親（父親）という意識が強くなります。

日本の家族はV字型ともいわれます。母と子、父と子の情緒的結びつきは強いものの、夫婦の結びつきは弱いからです。子どもは血を分けた肉親だけれど夫婦は他人、という考え方をする人がいます。これは家族は先祖から子、孫へとつながっていくという「家」のイメージが強いからでしょう。

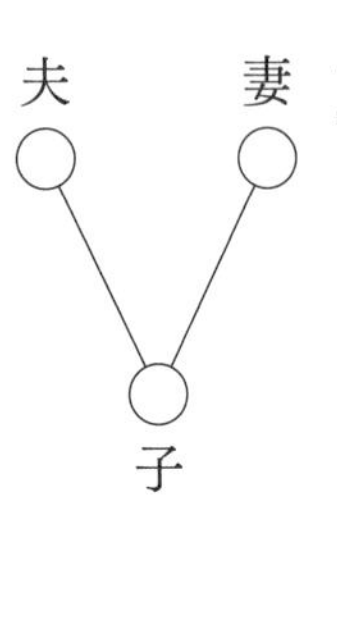


現実には社会人になった子どもたちは、結婚したら多くは家を出ていきます。地方に住んでいる場合は、私もそうでしたが、大学進学のため十八歳で親の家を出る子も多数おり、多くは卒業しても帰ってきません。高齢社会で夫婦の婚姻時期が五十年以上に伸びているのにひきかえ、親と子が同居できる時間は半分以下の長さです。

「空の巣症候群（Empty nest syndrome）」という言葉があります。子どもがひとり立ちした時に、親が気力を失い、不安になる症状です。

おそくても親が六十歳前後になると、子どもたちの多くは家を出ていきます。多くの親は職業から退き、親として子どもを扶養する役割からも解放され、そのあとに長い人生があります。子どもがいなくなったら二人の共通の話題、関心がなくなって話すこともなくなった、という夫婦も珍しくありません。

もちろん親と別居しようが結婚しようが、親にとっては子どもは子どもで、何かと親が子ども世帯を援助するスタイルは続いています。子どもたちが家を出たあとも子ども部屋が確保され、使わなくなった本や衣類や遊び道具やオーディオが物置のようになっているケースも多々あります。

高齢夫婦が住みやすいように、増築ならぬ減築をしてすっきり暮らそうとしても、障害はモノの多さです。

子どもたちと暮らしていた家族の最盛期の思い出の品々（写真、成績証、本、お気に入りの衣服など）を捨てるか処分するかしなければいけません。私自身それができずに多くのモノと同居しています。

モノと子ども部屋を整理すると同時に、夫婦の関係も、親としての役割から新たなパートナーとしての役割にチェンジしなければなりません。

高齢夫婦の寝室を同じにするか、別室にするかという問題があります。妻からは、夫とは別室で休みたいという希望がかなりあります。眠る時間帯が異なる、いびきや歯ぎしりが気になる、お酒の臭いや体臭が嫌だ、ベッドで本を読みたい、電話をしたい……などなど。

夫の全人格を否定しているわけではないのですが、そんなふうに要求されると夫はあまりハッピーではありません。年をとってもダブルベッドで寝る欧米の夫婦からは不思議がられますが、別に離婚しようと思っているのでなくとも、別室で眠りたいという妻は、多数います。

## 夫婦は他人、夫婦はこわれもの

一方で、夫のほうは妻とぜひ別室で眠りたいという希望はあまりないようです。これは夫が相手にあまり気を遣わないからでしょう。

そうはいっても日本では夫婦だけで外出するのは親類の結婚式かお葬式くらいです。夫婦それぞれの交友関係があり、それぞれの生きる世界をつくってしまっているなかで、今さらパートナーと役割の再構築をといわれても戸惑います。とりわけ男性たちは、退職まで生活していた企業空間の古い価値観を引きずっています。しかし同時に、仕事を優先するあまり家庭を大事にしなくて悪かったとかすかな罪悪感があるので、自分が退職して家庭に戻ってきたら妻は喜んで迎えてくれるだろうと当てにしています。

日本の伝統的な価値観では「男は仕事、女は家庭」という役割分担意識があって、男は今まで家族を養うために働いてきたのだから大事にされて当然だと思っていますが、妻たちは自分を今まで家政婦のようにみなして大事にしてくれなかったと思っています。退職後の夫婦のあり方に対して、夫と妻の意識には大きなずれがあります。

男と女が仲よく暮らす最大の秘訣は、「褒め合うこと」、「ご機嫌をとること」だそうです。しかし、長年一緒に暮らした夫婦は「他人ではない」「何も今さら褒めなくても」「別に相手に気に入られる必要はない」と考えてしまいがちです。**高齢になっても夫婦を続けるなら、めんどうくさがらず、他人行儀に褒め合うというのが大事です。夫婦は他人、夫婦はこわれものだからこそ、丁寧に扱い褒め合わなければならないのです。**

# 高齢期からの夫婦間のずれを修正する

## 家事は家族全員でするもの

退職したあとの生活を、夫は「毎日が日曜日」と思っています。出勤しなくてもいいという解放感と寂しさが入り交じった心境ですが、妻は困惑しています。日曜日は七日のうちの一日だから夫のことを優先して世話をすることができましたが、毎日毎日そういう生活だと自分の時間がなくなる。それは、夫は家庭のなかでは「世話される人」、妻は「家族の世話をする人」という役割分担の習慣があるからです。

一九八〇年ごろからアメリカやヨーロッパなど、先進国の男性たちは大きな変身を遂げました。それ以前は欧米でも夫は仕事、妻が家庭という役割分担が普通でしたが、妻の職場進出、社会進出によって、家事、育児を分担するようになったのです。まだ夫と妻の分担が半々とはいきませんが、三〇～四〇パーセントを夫が行い、妻が六、七〇パーセントという国が増えています。

そのなかにあって、韓国と日本だけは日常の家事の九〇パーセントを妻が負担しており、夫は一〇パーセントそこそこ手伝っているだけです。日本の妻たちは、日曜日は夫や子どもが家にいるので家事時間が長くなっていると言うと、オーストラリアやアメリカの友人は驚きます。これらの国では、日曜日は皆で分担するので、妻の家事時間は短くなるからです。もう**先進国では家事は妻だけでなく、夫も子どもも家族全員でするのが新常態です。**

## 夫婦間の主な三つのずれ

ずれの第一は、夫が、妻というのは家にいて家事を専業にするのが「当たり前」と思っていることです。現実には、妻は家事の負担感が強く、感謝の言葉がないとやりがいが感じられなくなっていることを夫は知りません。

夫の退職後、毎日三度の食事を用意し続け、やれお茶だ、風呂だと注文をされ、自分の時間がなくなる生活を妻は恐れています。日曜日はこまめに家族の世話をしている妻も、夫が職場に行ってしまう平日は「亭主は達者で留守」という状態を活用して、趣味、習いごと、交友、地域活動などで充実しているのです。その時間を夫の世話で侵食されることを恐れています。自分のことは自分でできる夫、妻がいなくても生活できる夫にならなければなりません。とくに、平日の昼食は、外で食べるか自分で用意するか健康のために抜くか、妻の世話にならないと決めましょう。なにより夫が仕事や社会的居場所をもち、行くところをつくらねばなりません。

また、夫たちは定年になったら今まで十分できなかった家族サービスをしようとばかり、海外旅行へ行こうとします。しかし妻にとって夫との旅は、夫の世話をする旅になりがちです。友達と行ったほうが楽しいというのが本音です。時には夫が妻の世話をする旅を企画しないとそのずれは埋まりませんが、その覚悟ができているでしょうか。

ずれの第二は会話がないことです。専業主婦の夫への不満の一つは「夫が話を聞かない」ことです。聞いて「フンフン」と相づちを打つだけでいいのです。

べつに話した問題に対して解決法や正解を示してくれなくてもいいのですが、子育てや近所づき合いのこと、社会状況についての感想を夫にきいてもらいたいと思っても、夫は時間がない、妻の話に関心がないと取り合わない。それが積もり積もると、友達など別の話し相手をつくり、どうせ話しても関心がないのだからと、夫とは事務的な連絡だけをする間柄になってしまいます。

子どもが独立していると、子どもにかかわる話題も激減しています。ようやく夫が退職して時間ができたから話を聞いてやってもいいと思っても、妻はもう今さら夫と話しても仕方がないと心のなかで夫は断捨離されてしまっている。閉ざされた心をほぐしてはじめからもう一度共通の話題を見つけだすことが必要です。

## 時には「夫婦」を演じる時間を

ずれの第三は、異性観のずれです。性愛の有無は別として、夫婦はお互い相手を異性——男性や女性——でなく家族と思っていますが、当人自身は年をとっても自分は男性女性である、と思っています。

妻の多くは自分が女性としてきれいである、素敵であると認めてもらいたいし、褒めてもらいたい。それを無視する夫に対しては無関心で対抗することになってしまいます。若い女性に対してセクハラ的行為をした夫に対して、妻が心から軽蔑して事実上離婚状態になったご夫婦もいます。女性としての誇りを傷つけられたからです。

一方、妻のほうも夫が「異性」であることを忘れて、まったく気を遣わなくてすむ家族のように思いふるまっています。**時にはおしゃれをし、夫婦で人前に出る機会をつくる、デートをするという「夫婦」を演じる時間を持つ工夫が必要です。**

# 変わりゆく夫婦の関係

## 夫婦ともに元気なうちの生活設計

退職した夫と妻がどのような関係を維持していくか、両方健康な時期、どちらかが少し体が不自由になっても自立して生活できる時期、介護が必要な時期と夫婦の関係は変化します。

多くの人は六十歳代から七十歳代にかけては若い時ほど無理はできませんが、まだまだ元気です。この時期は引退して悠々自適、自宅にこもるという生活でなく、多様なパイプで社会とつながり貢献する時期です。

仕事、孫の世話、地域の活動、趣味などいろいろなパイプで社会とつながる活動をし、家庭はそのベースキャンプとなります。夫婦も現役時代よりは家庭滞在時間は長くなり、余裕は生まれているかもしれませんが、基本的には週四日以上はきちんと服装を整えて（知人に会って恥ずかしくないレベルと思ってください）外出し、社会的活動をすることが、体にも脳にも緊張を与え、若さを保ちます。

その他散歩や買い物など、毎日外出することを基本に生活設計したいものです。

時には夫婦一緒に外出することはあるにしても、それぞれ別の生活圏を持ち、交友関係を持ち、その点はお互いの独立性やプライバシーを尊重する。決して相手を束縛しない。

しかし、夕食を家で食べるかどうか、何時ごろ出かけて何時ごろ帰るか、わかるようにしておくのが同居している人に対するマナーです。

休日は夫婦一緒にハイキングや登山、ヨガや太極拳、水泳やランニング、ゴルフやテニスを楽しむという仲のよいカップルもいますが、夫と妻の趣味が異なる場合は、お互いの交友を認めて尊重するといった関係、たとえば白洲次郎と正子夫妻のような間柄も一つのスタイルです。

## 配偶者が倒れた時の心の用意

夫婦の一方が少し健康を損ね、社会的活動から引退し、主として家にいるようになると、もう一方の活動もトーンダウンが迫られます。医療機関に連れて行ったり、リハビリや介護保険の手続きなどしなければならないことは増えます。

日本では夫のほうが年齢が上のカップルが多く、平均寿命からも先に倒れる可能性が大きくなります。健康を害すと気が弱くなり急性期（病気になり始めた時期）をすぎても妻がつきっきりで世話することを期待する傾向がありますが、まだまだ自分で生活を自立してできるうちは妻が外出する時に快く送り出し、留守番を引き受ける。それが機能の維持回復にも役立ちます。

反対に妻が倒れた時は予想外の事態として、うろたえて、対応策が取れない夫もいます。急性期はもちろん入院させ、つき添いが必要ですが、容態が落ち着いたらケアマネージャーと相談して介護保険のサービスを活用し、自宅で生活するか、特別養護老人ホームに入所するか、選ばねばなりません。しっかりした女性は、自分が先に倒れた場合こうしてほしいと書き記しているので、感心したことがあります。一方が常時介護が必要な状態になったら、社会的活動は一時休止です。

私の知人のMさんは引退後もボランティア活動にも熱心で、友達も多い素敵な男性でしたが、しっかり彼を支えていた奥さんが倒れると、精神的にも肉体的にもガタガタになってしまいました。**男性たちも配偶者のほうが先に倒れた場合どうするか、心用意だけはしておかなければと思います。**

特別養護老人ホームなどの公的施設への入所申込みをしても空きがあることはまずなく、待たされます。その間は自宅で、経済的余裕があれば介護付き有料老人ホーム（費用もサービス内容も千差万別です。専門家に相談して選びましょう）に入所します。それを介護放棄と後ろめたく思う必要はありません。本人に適した介護のシステムをつくり上げ、入所したあともせっせと訪問し、話し相手を務めればよいのです。

## 相手の短所が気にならない境地へ

### 夫婦の時間をいかに生きるか

夫婦がともに健康で長生きし、金婚式、ダイヤモンド婚式を迎えるのは昔はとても珍しい、めでたいことでしたが、今では平均寿命だけからいえばそれほど珍しいことではありません。

二世代くらい前は片方の配偶者が亡くなり、残されたほうが再婚するのはあたりまえでした。

ジョージ・ワシントン（アメリカ合衆国の初代大統領）の妻は再婚でしたし、モーツァルトの妻も坂本竜馬の妻も夫が若く死んだあと再婚しています。「昔は人が離婚しなくても神が夫婦を別れさせたもうた」という警句もありますが、今は、かくも長い夫婦の時間をいかに生きるかが大きな課題になっています。

夫は仕事、妻は家事育児という役割分業型の夫婦は銀婚式ごろまではそれでも機能するでしょうが、その後の時間が長いのです。夫と妻が父親・母親の役目を果たしたあとの時間をどう生きるか。

理想からいえば夫婦が長い人生をともに生きてきた親友として、話し相手、相談相手、遊び相手として一緒に過ごすことでしょうが、そのような理想を実現している夫婦は約三分の一です。

## 夫婦の人間距離は弾力的に

約三分の二の多くの夫婦は距離を縮めて二人で子どもたちの結婚式や、親類とのつき合いをこなす時もあれば、お互いが自分の交友関係、自分の行動範囲を持ち、おひとりさまとして過ごす時間を持つといったように、夫婦の人間距離を弾力的に使い分けています。

男性は退職したら、今までの生活をまったく変えて、今度は妻と仲良くしていこう、妻と仲良くできると信じている人も多くいます。しかし、妻たちは今さら夫が変わってくれると期待していません。

おそらく長い年月生活をともにしてきているとお互いの人間性、長所や短所は嫌になるほどわかっています。それをどうにも我慢ができなかったら別れなければなりません。

しかしそのためのエネルギーの大きさを考えると、**相手の短所や欠点も含めて気にしない、気にならないという境地に達するのが一番ではないかと思います。**

**間違っても相手の短所を直してやろう、相手に変わってもらおう、と思うのはやめましょう。相手を受け入れることです。自分の「めがね違い」で人を見る目がなかったことも含めてそういう相手と結婚してしまった自分の運命を受け入れる、そうした大人になって、できるだけ波風を立てず暮らしていくのがいいのではないでしょうか。**

# 60歳からの定年離婚、熟年離婚

## 増加する熟年離婚

日本の離婚率は、二〇一八年には千人当たり約一・七で、婚姻率（四・七）の約三分の一を上まわっています。なかでも婚姻期間二十年以上の夫婦の離婚が増えています。結婚して五年未満の夫婦の離婚は絶対数としては多いのですが、伸び率が高いのは婚姻期間の長い夫婦の離婚です。

この背景にはいろいろな理由があります。離婚に対して世間の目が寛容になったこと、女性も経済力を持ち、母子家庭支援などもあり暮らしていけるようになったこと、DVなどの人権侵害や夫の浮気に、妻は「我慢」しなくなったことなどが挙げられます。それとともに、結婚に対する期待が夫と妻の間でずれていることが見逃せません。

夫はいまだに経済的に家庭を支えるのが最大の夫の務めだと思っていますが、妻はもっと夫とコミュニケーションをしたい、もっと自分に関心を持ってほしい、もっと心の面でサポートしてほしいと願っています。

夫は婚外恋愛しても家庭は壊れない壊さないと高をくくっていますが、妻の愛情や自尊心は大いに傷つきます。**現代の結婚は壊れないかっちりした制度ではなく、双方が維持する努力をしなければ壊れてしまう壊れものです。**

それでも子どもが小さい間は両親の離婚は子どもにかわいそう、教育費がかかるなどの理由で忍耐していても、子どもたちが成長して家を出ていくと、「子育て後の夫婦は親からパートナーへ」（81ページ）の項でも述べたとおり、V字型の関係の家族が心の結びつきをなくして解体してしまいます。

二〇〇七年の四月からは、サラリーマンの妻は離婚しても、婚姻期間に応じて報酬比例部分の年金も分割できるようになりました（そのわりに、離婚が急に増える現象は見られませんでした）。

## 離婚訴訟を起こされたら

離婚の本当の理由は当事者でなければわからないのですが、判例も有責主義から破綻主義に変わっています。どちらに責任があるかどうかはさておき、すでに破綻（たとえば別居期間が七年以上）しているなら離婚を認めようということです。たとえ暴力や遺棄、その他婚姻を継続しがたい重大な理由がなくとも、相手がどうしても別れようと言い出すと離婚せざるを得ないケースが大部分です。

子どもが一人前になっているとはいえ、人生後半期になってから離婚するのは経済的に痛手であるばかりでなく、親類、友人などの人間関係もリセットを迫られ、精神的にも大きなダメージを受けます。

夫から離婚を要求する時は、別の女性に子どもができたなどの理由で再婚するためであったりすることがよくありますが、妻から離婚を請求する時は、夫と別れたいというのが主たる理由で、とくに再婚相手の当てがあるわけではないことが多いようです。

過去を悔やんでも仕方がありませんから、あまり当事者がドロドロの非難合戦、ののしり合いをしないで、専門家にまかせて事務的に処理したほうがよいというのが現実的対処法です。

離婚を要求するほうは準備を整えているのに、されるほうは不意打ちを受け、精神的にも無念でなんとか拒否したいと願うのは当然ですが、多くの場合勝ち目はありません。子どもたちが仲裁に入ってくれても、まるく収まるケースは少ないので、調停や協議離婚の時も、弁護士を代理人に立てて離婚したあとの自分の権利を守るようにしたほうがよいでしょう。

相手が離婚を請求してからじたばたしても手遅れです。そうならないように日ごろコミュニケーションをよくしておかなければなりませんが、いったん離婚訴訟を起こされたら覚悟を決めて、負けっぷりをよくしましょう。自分の悲運、相手の身勝手さをいくら批判しても始まりません。

交通事故か病気で配偶者が亡くなったとでも気持ちを切り替えて、新しい「おひとりさま」のステージに踏み出しましょう。

# 歩み合う努力が大事

## 感謝を口にする習慣を

欧米はカップル社会で、日本はシングル社会です。シングルというより同性群れ社会というべきかもしれませんが、夫婦が一緒に行動する機会はあまりありません。

欧米では社交も、旅行も夫婦、あるいはパートナーとともに行動するのが原則です。だから二人がうまくいかなくなったら耐えがたく、とても一緒に過ごせなくなって離婚しますが、日本では夫婦の生活圏が別なので、うまくいってもいなくても離婚までしない、と言われます。どちらも一長一短ですが、日本の男性に見習ってほしいのは欧米の男性の女性に対するマナーです。

欧米の男性は女性でさえあればだれにでも（というのは言いすぎですが）、親切に対応します。そっと手を添えてエスコートしたり、重い荷物を持ったり、一つ一つは大したことのない所作ですが、女性は大事にされていると思い、いい気分になります。

日本の夫たちもせめて一緒に散歩する時には妻と手を握り合うとか、重い物を持つとか、いたわりの気持ちを少し表現するようにしたらどうでしょうか。昭和女子大の元副理事長で、息子でタレントのジョン・カビラ、川平慈英兄弟の父上である川平朝清さんはもう九十歳を超えておられますが、奥様と手をとって散歩されていた姿はとても温かくほれぼれしました。

日本では、夫婦は家族、自分と一体だという気持ちが強いからでしょうが、めったに夫は妻を褒めません。妻がどれだけ家をきれいにしていても、どれだけおいしい食事をつくっても、無言、まずい時だけ文句です。どれだけおしゃれをしても夫は無言です。妻のほうも夫が全力で取り組んでいる仕事に興味を示さないで、ほとんど話題にしません。しかし夫婦はもともと他人です。お互いが協力し、歩み合う努力をしなければその絆は弱くなり切れてしまいます。

前にもふれたとおり、**少なくとも自分のために食事を用意してくれた時、掃除を頑**

**張った時、その努力を認め「ありがとう。きれいだよ、おいしいよ」という言葉で感謝を表明する習慣をつくりましょう。それは若い時も大事ですが、プラチナエイジには、当たり前になりすぎて感謝しなくなっているからこそ重要なのです。**

いつも二人で行動するという欧米の風習は、二十世紀半ばまでの女性が家庭にいて人と会う機会に恵まれなかった時代のもので、現代のように女性も自分の世界を持っている時代にはふさわしくありません。とりわけビジネスのつき合いの席に配偶者が出る必要はないと思います。日本のように夫婦それぞれがひとりで行動できるほうが、ずっと自由で効率的です。

でもいつも別行動をとるのではなく、プライベートな友人と会う時に夫婦でとか、一つくらい共通の趣味を持って一緒に出かけるという程度がいいのではないかと思います。べったりではないが時に行動が重なり合う。冠婚葬祭のような儀式の時だけでなく、**時には自宅に共通の友人を呼んで夫婦でもてなすような、「夫婦する」機会や「夫婦らしさ」をお互いに見せて確認する機会があったらよいのではないかと思います。**

## 配偶者が亡くなった時

### 女性は自分の人生を楽しみ始める

遅かれ早かれ配偶者はこの世を去ります。現在の日本では、七十歳代前半ですでに女性の約半数が配偶者と死別していますが、男性の場合八十歳代になってもまだ半数には配偶者がいます。

「おひとりさまの老後」は女性にとって当たり前ですが、男性おひとりさまも少数派ながら確実に存在します。自分が残るか、相手が残るか、それはいつか、それによってプラチナエイジの様相は変わってくるのですが、だれも予測できません。ケースバイケースで考えてみましょう。

数として圧倒的に多い女性おひとりさまのなかには、「後家楽（ごけらく）」といわれる生活をする人がかなりいます。いわゆるメリーウィドウ（陽気な未亡人）です。配偶者を失った当初は喪失感、後悔、孤独感に襲われていた女性たちも殆どが一年、二年経つと立ち直ります。そして自分の人生を楽しみ始めます。もちろんその生活を楽しめるかどうかはその女性の性格にもよりますが、決定的に大きい影響をあたえるのは経済力です。

夫が生前に居住用の住まいと月々十五万円程度の遺族年金と生命保険や退職金や貯蓄など資産を残していった場合は、かなり「後家楽」に近くなります。子どもがまだ教育が終わっていない時に離婚したり死別した母子世帯が貧困に陥るのと違い、状況はまったく異なります。もし自分が働いてきているならば自分の年金や資産も加わります。

妻と母の役目は果たしたという自信に裏づけられ、気兼ねしたり気を遣わなければならない人もいなくなって、配偶者が亡くなった後が人生で一番自由で幸せな時期だという人もいます。自由と同時に孤独だという側面もあるのですが、生きている相手と心が通わないより、さっぱりしていて気楽だそうです。

旅行に一緒に行ってくれる友達、夜中に電話してもいい友達がいて、夕食は時には互いの家に招いたり招かれたりする。寂しさを感じないで暮らしている人は、同じような境遇の友人をとても大事にしています。友人や趣味だけでなく、こういう時こそ仕事や生きがいになるような活動をしていることが大事になります。住まいを処分して有料老人ホームに入る人もいますが、マンションでも自分の住まいを確保していることは精神的張り合いになりますし、頭の刺激にもなります。

もし広い戸建で子ども部屋が空いていたら、日本に留学している学生を下宿させたり、地方からの大学生を預かってもいいですし、NPOの事務所、友人たちのたまり場にしたりと使い道はいろいろあります。

## おひとりさまを楽しめる男性に

生活力があってそれに自由に使える遺族年金や資産がある女性おひとりさまに比べ、男性高齢おひとりさまは何か哀れで気の毒というイメージがつきまといます。それは、夫に先立たれた女性たちが生き生きと高齢期の生活を楽しむのに対して、男性は精神面でもろく、生活面で自立していないからです。男性もできればメリーバチェラー（楽しい独身男）を目指してほしいものです。その時のキーワードは「名誉ある孤立」です。

男性おひとりさまにとって掃除や手入れ、食事の用意など自宅で生活していくのは負担が大きいので、息子、娘一家との同居が多くなります。その際、家長意識、自分の家に住まわせているという態度を出すと子どもたちはカチンときます。

同居ならできるだけ生活圏が重ならないように、家の一部を改造してホテルのひと部屋のようにバストイレつきの書斎兼寝室を確保するといった工夫が必要です。あるいは自宅を処分して子どもの家の近くに小さなマンションを借りる、有料老人ホームに入所するという選択肢もあります。

男性おひとりさまのなかには家事の負担に押しつぶされてうつ状態になる人もいますから、家事サービスを外注して掃除、整理、食事の支度、洗濯という家事の負担を軽くしたうえで、外の世界とのかかわりを持つ体制をつくります。ここまでの準備を自分でできるといいのですが、息子あるいは男の同世代の友人はあまり頼りになりません。娘や若い友人がサポートすることが必要です。

もちろん高齢男性おひとりさまでも元気で充実したひとり暮らしをしている方もたくさんいます。俳句の吟行だ、シルクロードの旅だ、農村フィールドワークだなどとひとりで身軽に動き回っている人もいます。一般的にはまだおひとりさまを楽しめる男性は少ないですが、ぜひ挑戦しましょう。

そのためには**現役のころからひとりでも生きる能力を養成しておくことが必要です。食事、掃除、洗濯など必要最低限の自分のことは自分でできる、ひとりで食事をすることを寂しがらない、退職してもつき合えるような肩書抜きの友人を持ち、いくつかのグループに参加する、家庭と職場以外の居場所を持つ……などです。**

毎日ひとりだけで過ごすのが寂しかったら映画や展覧会に出かける、今までつき合っていたグループの気の合う人に自分から声をかけて近くの温泉に出かけたり、俳句や短歌の結社、お茶やお花のような習いごと、特定のテーマの団体に加入して月例会や総会に顔を出せばいいのです。

亡くなった妻が、生前よく夫の世話をしていたり、あるいは琴瑟相和（きんしつあいわ）する仲の良いパートナーだった場合、残された夫は本当にがっくりする例が多いのですが、あまり仲が良くなかったり、世話も行き届かない悪妻だった場合、妻がいるいないにかかわらず夫は自立していたりします。何が吉となり、何が凶となるかわかりません。まさに禍福はあざなえる縄のごとしです。

もし男性おひとりさまでも身ぎれいにしていて心がやわらかく、優しく思いやりのある人なら、新しくガールフレンドができるかもしれません。魅力的な女性とつき合いたいという意欲を持ちましょう、素敵な女性おひとりさまがたくさんいるのですから。くれぐれも見た目や甘い言葉にだまされない「眼」を持つことが絶対条件です。そうでないと「後妻業」の女性の餌食になってしまいます。また、三十歳代や四十歳代のシングル女性との交際を望む男性は「金時もち」（お金と時間をもつ男性）として利用されていいと覚悟をもって臨んでください。

# 第四ヵ条　子どもを自立させる

## ――後半期の親子のかたち

プラチナの言葉

人を恃（たの）むは自ら恃むに如かざるなり。人の己の為にする者は己の自ら為にするに如かざるなり。

韓非子（かんぴし）

〈現代語訳〉他人を頼むよりは、自分を頼むべきだ。他人の力を当てにするよりは、自分の力を当てにすべきだ。

# 子どもを経済的に自立させる

## 親の寿命は百五十歳？

親が死んでも死亡届を出さない、親は死んでも死なせない、生きていることにしておけば年金がもらえるという子どもがいます。

日本の年金は低いと批判されることが多いのですが、これは不安定な収入しかない定職のない子どもにとっては魅力的な収入です。死亡届を出せばストップしてしまうのでそのままもらい続けたい、調査に来ても「田舎に行っています」「旅行に行っています」と言っておけば追跡調査は行われないのでばれない、という話です。

これはもちろん犯罪ですが、そのような誘惑にかられる子どもは自分が経済的に自立していないからです。**生活面だけでなく経済的にも自立できる子どもを育てることは、社会の視点からだけでなく、自分自身の後半期の人生設計にとっても不可欠です。**

子どもを経済的に自立させるにはどうしたらよいのでしょうか。二十世紀の後半では、よい大学を出て企業に就職するのが一番経済的に自立する方法でした。女の子はそういう男性と結婚するのが安定した人生を送る基本でした。

ところが二十一世紀にはそのモデルが揺らぎ出しました。別に嫌いな勉強をさせなくても、将来は子どもが好きなことを仕事にしていけばいいのだからと親が考えしっかり勉強させせなくなり、子どもたちは勉強しなくなり、まじめな努力をばかにし、就職してもすぐ仕事をやめる子も増えました。

子どもの好きなように生きていくのがいいといいますが、好きなことを仕事にするのはとても厳しいことです。その覚悟はできているでしょうか。

音楽でも、絵画でも、小説・文筆でも、それだけで自立するのは才能だけでなく強烈な野心、自負心、努力が必要です。自分でビジネスを興すにも、大きなエネルギーと努力がいります。

「何か成し遂げる人は、人の知らないところで努力している」というのが古今の鉄則です。努力しないで成功することはあり得ません。「好きなことを仕事にするのも悪くない」と甘やかさず、好きなことを仕事にする厳しさをしっかり教えねばなりません。

## 困った時に助け合うのが親子

格差社会の下に沈むような子の性向は次のようなものです。目標を持って努力することができない、自分に自信がなく、うまくいかないとすぐあきらめてしまう、目先の「したいこと」「面白いこと」を次々と追いかける、自分で苦労するのを嫌い、幸運やコネを当てにする、などです。

これは親の生活態度がそのまま伝わるともいえます。子どもに努力させるためには、親自身が目標を持って努力していることの大事さを子どもに伝えなければなりません。子どもを甘やかさず、しかし子どもの希望や考え方をよく聞き、その上で子どもの才能や性格を見極めて、自立できる進路を考えてやらなければなりません。これは男の子も女の子も同じです。

自分で自立するまでは、教育費や生活費を親が提供する必要がありますが、それはどの程度の金額かきちんと記録し、たとえ返済は求めなくても子どもにも認識させておかなければ感謝の気持ちも生まれません。子どもたちに親に養ってもらうのは「あたりまえ」と思わせてはいけません。ましてや「親の義務」と子どもが思ったら大間違いです。

日本の中高齢者は「子どもは子どもの好きなように生きていけばよい」「子どもに迷惑はかけたくない」「自分の老後は自分で備えなければならない」と思っています。それが物分かりのいい親だと信じていますがそれは間違いです。

いざという時に、親を助ける力と意志を持ってもらいたいものです。しかしながら子どもたちに親の思いが十分に伝わっているでしょうか。「親は子どもにわずらわされない自由な生き方をしたいのだ」と誤解しているのかもしれません。困った時いざという時に助け合ってこそ親子としっかり伝えておきましょう。

# 子どもの自立と親の覚悟

## パラサイトになる前に

子どものころから、心の強い子、しっかりした子に育てようと思っていても、ことと志と違って、学校を卒業してもまともな仕事につかず、ひきこもりや定職につかない息子や娘に対してはどうすればよいのでしょうか。

「かわいい子には旅をさせよ」とばかり他人の飯を食べさせるため親の家から出すのは荒療治ですが、効果的な方法です。親は、世話が大変だと言いながら、じつはそれを嫌がっていないことがしばしばあります。そうした親の気持ちを見越して、子どもたちはいつまでも親に依存しています。

**自立するためには一人暮らしをさせる、大学の寮に入れたり、外国へ留学に出したりしたほうがいいのですが、少なくとも就職したら別居しましょう。それだけの収入を得ていない子どもたちには同居させ、住居は提供するにしても、割安の家賃を払わさせ、少なくとも、「もう食事の世話はしない」、「掃除、洗濯は自分でするように」と申し渡しましょう。**親にとって負担にならないからといって面倒を見ていては、居心地がいいのでいつまでも自立しません。結婚も遅れるばかりです。生涯未婚もありえます。

正社員の職を得ていない子どもは、本人がどういう分野に進みたいのかじっくり見定めて、職業訓練を受けさせる、ハローワークに行かせるというように背中を押しましょう。手に職をつけると自信になります。現場の仕事のほうがニーズがあります。

就職の際、親の知り合いの会社や団体に頼んで受け入れてもらっても、本人にその覚悟がなければ長続きしません。また何度もうまくいかないと、本人も親も自信を失いあきらめたくなります。しかしなんとか励まして、就職先が地方でも、あるいは中小企業でも肉体労働でも就職させます。

間違っても「そんな小さな会社に勤めるくらいなら」とか「地方はやめといて」と

か、子どもの力で見つけてきた働き口をけなしてパラサイトを継続させることをしてはいけません。

## 自立した子どもとは大人同士のつき合いを

結婚についてもそうです。「結婚してくれなくて心配」、「孫の顔が見たい」などと言っていても、いざ子どもがこの人と結婚したいと候補者を連れてくると、親はやれ年齢が上だ（下だ）、やれ学歴が低い、やれ勤め先がよくないとあら探しをする、親がお見合いを頼んでおきながら、本人たちが会ってみてまあいいかと思っていても親が反対するという例はたくさんあります。

そんな場合には、自分が結婚するのではないから仕方がないこととあきらめる。本人がそう言うなら「結婚してもいいけれど、最後まで責任を持ちなさいよ」と言って、受け入れるよりほかありません。

しかし娘が離婚したい、とくに子どもを抱えて離婚したいと言ってきた時は、親はぜひサポートしてください。現在の日本社会では子どもを抱えた離婚女性が生きていくのはとても困難です。だから離婚するなと説教するのでなく、住居の提供、育児の手伝いなど実質的サポートをしてください。現に祖父母が孫たちの親代わりになり、娘が覚悟を決めて働き出してキャリアで成功している例も多数あります。親たちが年をとっていくと、娘と孫は大きな支えになります。離婚した娘に介護を当てにしていた親が、娘の再婚に大反対する例さえあります。

ケースバイケースではありますが、成人した子どもの世話をするのは子どもが頼んできた時、助けを必要不可欠としている時だけ。そうでない時は、子どもは自立して自分の人生を生きていくのだと覚悟を決めてください。子どもが自立したそのあとで、親しい大人同士として温かい思いやりのある支え合いが可能になります。

いつまでも支え続けていると、自立もせず、感謝もしません。

# ニート、ひきこもりにしないために

## 子どもを甘やかすのは下流的

後半期の人生の明暗は子どもの育て方で決まるといっても過言ではありません。

もちろん障がいや病気で苦しむ場合は支え続けてあげなければなりませんが、そうでない子は自立させなければなりません。

多くの親は子どもによい学校に進学させ、よい教育を受けるのが人生を開くカギだと信じていますが、その前に、人間としてたくましく生きていく体力、周囲の人と仲良く協力していける社会力を身につけることが不可欠です。

すべての基礎が体力です。五歳ぐらいまではまず健康づくりが大事で、外で遊ばせ、おなかをすかせて、安全な自然に近い食品を食べるようにします。水泳、体操、なわとび、かけっこなど体を動かす機会の確保が大事です。体力がなかったり運動ができないと、子どもは集団のなかで自信を失います。

スマホは中高生になれば機能を制限して与える。小学生まではテレビは親が一緒に見る番組を決めておく。音楽、英語などの習いごとは本人が興味を示さない限り無理に行かせない。ニートや引きこもりになる青年たちは、夜更かししてパソコンやゲームで遊び、朝起きられなくなることがきっかけになることが多いそうです。どんなに眠たがっても起こして、学校に遅刻させないようにします。そうすれば夜眠くなります。

バーチャルな世界にはまっていないで、現実の世界に興味を持つ、チャレンジする、少しぐらい痛い目にあったり失敗しても、めげないエネルギーのある子になるよう励まし背中を押すことが必要です。危険な目にあわないように、失敗しないようにと過保護にしていてはひ弱な子になるばかりです。しかし、ニートの多くの青年は優しいいい子ですが、気が弱く失敗するとすぐにあきらめてしまう傾向があります。その子の性格によりますが、褒めて励ますのが必要なケースもあります。

それと大事なことは、親を尊敬する、親の言うことを聞く習慣です。親は友達ではありません。

**子どもを甘やかし、親は自分の言うことを何でもかなえてくれると思うと、子どもは親を軽んじます。親の意見を聞かない、ばかにする、無視する子どもにしてはいけません。子どもにも個性があって、素直に言うことを聞く子ばかりではありませんが、親は妥協しないで、自分の方針を子どもに理解させる強い意志が必要です。**

イギリスの中上流階級の家庭ではしつけが厳しく、子どもは親に絶対服従です。下流ほど子どもを甘やかします。現在の日本では子どもに社会力をつけないマナーを教えない下流的な親が増えています。

## 子どもを健康な社会人に育てる

子どもに社会力をつけるには、まずコミュニケーション能力です。挨拶はその第一歩です。家族や知っている人にきちんと挨拶する習慣を身につけさせ、そのうえで相手を思いやるマナーや、人に不快感を与えない礼儀を身につけさせます。それから、いろんな人との会話を苦手としない青年になるよう、大人たちや地域などいろんなグループの人と交わる習慣をつけます。複数のグループに居場所があれば、自殺したり、引きこもりになったりするリスクが下げられます。また小さい成功を経験させ自分に自信をもたせるのも重要です。

反社会的行動をしない大人になるには、いろいろなルールの存在を知り、それを守る態度を養うことが第一歩です。親がルールをばかにしていたり無視していては、子どもも見習います。親は繰り返し、社会のルールを教えましょう。

つらくてもやってはいけないことを叩きこまなければなりません。万引きや傷害事件、ドラッグで人生につまずき、傷害事件などを犯したら取り返しがつきません。犯罪を犯した場合の罰と、償わなければならない人生を、よくよく教えます。

こうしたルールは親が教えなければ、宗教活動とか青少年教育活動の場で学んだり、家族の者以外から聞いたり、本を通じて考えさせる方法もあります。ボーイスカウト、ガールスカウト、スポーツ少年団など、いろんな青少年団体があります。

繰り返し、「人や社会の役に立つ人間になる」「世の中楽をしてうまくいくといういかがわしい生き方をしてはいけない」、「自分だけよくなりたいという考え方は自分も周囲も不幸にする」、「なすべきことは苦労してでも成し遂げることに喜びがある」としっかり伝えておきましょう。子どもを健康な社会人に育てるのは、親の大きな喜びであるだけでなく義務でもあります。宗教の力が弱い日本では、親がしっかりこうした人間として生きるルールを教えなければなりません。

一方、もうニートやフリーターになってしまった子どもには、厳しい訓練で導いてくれる禅寺での修行、農業での健康的な労働などを経験させてはどうでしょうか。相談に乗ってくれるＮＰＯもあるので、情報を集めましょう。

# 子どもとの距離にはメリハリを

## 成長とともに姿勢を転換

子どもが生まれてから三、四年間は親と子の一体感が強く、多くの母親は「私がいなければ」、「私が頑張らなければ」と育児にのめり込みます。しかしいつの間にか子どもは、小学校、中学校と進み、自分の世界を持ち始めます。

**子どもが母親を絶対的に必要としてくれる期間はせいぜい十年です。その間がしっかりした子どもを育てられるかどうかの勝負時なのです。**中学生から大学生のころは親や教師が時代遅れに思えて、友人の意見のほうを尊重するようになりますし、異性の目が気になってきます。これが正常な成長で、いつまでも親と一体化していては困ります。
親も少しずつ子どもと別の生活圏を持ち、子どもの意思を尊重し、遠くから子どもを見守る姿勢に転じなければなりません。それは放任するのでなく子どもの自立のためであり、家の仕事をしっかり分担し、責任ある生活態度から離れないよう目配りはしておくという方針は堅持しなければなりません。

それでもどのような学校に進学するか、どのような職業につくか、親は当然アドバイスをし、自分の希望や期待を述べないと、子どもは友人や仲間、あるいは学校の偏差値だけで進路を決めてしまいます。**同じ年代の友だちより、生活経験の少ない若い教師より、親のほうが、しっかりアドバイスできるはずです。聞いてくれなくても言わねばなりません。**大学進学で親元を離れる子もいますが、首都圏では親元通学が多数です。その点でも一年ぐらいは親元を離れて外国へ留学するのはよい経験になるはずです。

## 結婚後の子どもとの距離

就職するといよいよ親元を離れると言いたいところですが、それでも親元通勤できる職場を選ぶ子どもがたくさんいます。それが結婚を妨げる原因になるので、できるだけ親から自立できるようにするのが親の婚活なのです。

めでたく結婚したい相手に巡り合った場合はどうするか、親の目で見ると相手はこれで大丈夫なのだろうかと不安で注文をつけたくなりますが、その時点であれこれ言っても無駄ですから、いいところを発見し、祝福しましょう。

親が子どもの恋愛に反対するほど当人たちの結婚の意志は強くなり、子どもの配偶者からは「私達の結婚に反対した人」と心に刻みつけられてしまうのが関の山です。

特定の相手と深くつきあう前に、「ウソをつく人はダメだよ」とか「自分中心でない人がいいね」とか「勉強した人は努力家が多いよ」、「家族思いの人は結婚しても家族を思ってくれるからマザコンも悪くはないよ」など、子どもとの雑談のなかでメッセージを伝えておきましょう。この人と結婚したいと言い出してから相手を批判してもこちらに勝ち目はありません。潔く相手を祝福しましょう。

新婚のうちは二人が絆をつくる大事な期間ですから、親はそっとしておかなければなりません。親が再び登場するのは孫ができてからです（妊娠する前に、「まだ子どもはできないの」などと聞くのはタブーです）。

育児の期間はできるだけ労働力でサポートしましょう。夫婦でデートできるよう子どもを預かってあげるのもよいでしょう。お小遣いやプレゼントをあまり与えすぎてはかえって教育上害になります。孫たちが少し大きくなったらみんなで旅行する、お正月にはそろって初詣をするとか、親の誕生日には子どもや孫が集まって祝うなど、家族行事をするのもいい習慣です。クリスマスはそれぞれの家族で祝い、正月はみんなそろうというようにメリハリをつけます。

基本的には親たちは自立した生活ができる間はできるだけ自分の家で暮らし、自分の家に子どもや孫たちを招くスタイルを続けたいものです。

# 結婚を妨げる元凶は親

## 世話をしすぎる母親

婚活という言葉が定着しましたが、結婚は誰でも必ず自動的にできるものではなくなりつつあります。つい一世代前までは自分で意識して結婚相手を探す婚活をしなくても、職場で適当な相手と出会うチャンスは多く、親や親類や職場の上司が適当な相手を紹介してくれました。

ところが今やそうした「適当な」結婚が難しくなり、自分で結婚相手を探す婚活をしなければ結婚できない時代になりました。

親は自分の世代の経験から、「こんなにいい学校を出て、いい会社に勤め、性格も見た目もとくに悪いところがない息子（娘）」なのになぜ結婚できないのか理解できない。親がやいやい言うので、子どもが仕方なく結婚情報サービスに登録する、親自身が結婚相談所へ行って婚活をするなどという話もあるようです。

しかし子どもの結婚を難しくしている一番の問題は親です。それは親が結婚に反対するとか注文をつけるとかいう以前に、一緒に住んで、食事の用意から洗濯、掃除まで親が生活の面倒をみんな見ているので、子ども（とくに息子）は結婚する必要性を感じないのです。最近では仕事熱心な娘も、同居している親に世話してもらっています。

母親ほどの愛情をこめて身の回りの世話をしてくれる女性（男性）がおいそれといるはずがありません。結婚するのが面倒くさくなる可能性はかなり大です。正社員であっても時間がなくて婚活もできない、非正社員など不安定な職についている男性は安定した収入がないので結婚相手として認めてもらえない、という条件も加わります。

## 8050問題を避けるために

二十世紀末に「パラサイト・シングル」という言葉がありました。「婚活」と同じく山田昌弘中央大学教授の造語です。当時はバブルの夢まだ冷めやらず、親元に寄生して、自分の収入はファッションや旅行や外食に使う独身男女をさす言葉でした。今は非正社員の将来不安定な独身同居シングル、親の命取りになる寄生虫です。

こうした独身の不安定な子どもが結婚しないままに年を重ねていく。親が五十歳代、六十歳代のうちは親のほうが世話をする体力も生活力も経済力もありますが、親が八十歳代、九十歳代になると、さすがに子どもの世話はできなくなります。それが八十歳代の親が五十歳代の子どもを支えるという「８０５０問題」です。

親の年金と自分の不安定収入で暮らしているので、介護サービスも利用しない（できない）。介護の負担に耐えかねて高齢者を虐待するという不幸な事例も増えています。先に紹介したように、親の年金を当てにして死亡届を出さないともかぎりません。

**親はできるだけ早く、子どもが大人になったら男女とも自分で生活させる。もちろん大人になってから急に決心するのでなく、子どもの時から家の手伝いをさせる、料理や皿洗いや掃除などの家事もろもろを子どもに責任を持って分担させなければなりません。それが教育です。**こまめに体を動かすことを苦にしない男女は、職場でも歓迎されます。

現代ではそのように料理の一つも自分でできるような若い男女が、同世代の異性にもてて、結婚できる可能性が高いのです。自分が高齢者虐待を受けたくなかったら、子どもに家事を分担させ、できるだけ早く自立させることです。これはとくに男の子を持った親がこころがけたいことです。

## 慈愛になるか、渇愛になるか

### 子育ては思いどおりにゆかないもの

人の親の心は闇にあらねども
　　子を思ふ道にまどひぬるかな

これは平安時代の貴族、藤原兼輔（ふじわらのかねすけ）の歌ですが、多くの人々の共感を集めてきました。「子ゆえの闇」という言葉もこの歌から出てきた言葉です。物の道理のわかっている人でも子どもへの愛には盲目になってしまう、と実感している人が多いからでしょう。

仏教では渇愛と慈愛、キリスト教ではエロスとアガペというように一口に愛といってもいろいろな愛があります。親の愛はお返しを求めない、無償の愛であり、自分の欲望を充足し愛し愛されることを求める男女の愛と違って崇高だといわれます。

相手の存在を丸ごと受け入れる、不完全でもそれがかわいい、失敗したら自分のことのように苦しみ、成功や幸せは自分のことのように嬉しい。子は親に多くの悩みや苦しみを与える存在でもありますが、多くの喜びをもたらしてくれます。

現代の親たちも、「どうか子どもが幸せになってほしい」と心から願い、そのために何でもしてやりたいと思っているでしょう。何でもほしがるものは与えてやりたい、子どもがいつも健康で友達も多い子でいてほしい、子どもの才能は十分に発揮させたい、などなど。しかし親の愛は重圧にもなります。

なかなか子どもは親の思うとおりには育ってくれません。なんとか期待どおりにしようとすると、それは、親子の対立やトラブルを生み、場合によっては子どもの心をゆがませたり、負担になったり、心に傷を残すことさえあります。親を大事にしてほしい、親を一番愛してほしいという願いも渇愛です。

## 子どもと別の視点で、視野を広げる

二〇〇七年、『親の品格』（ＰＨＰ新書）という本を書いたおかげで、時々相談が持ち込まれます。そのなかには「子どもが嫌いな友達が同じ塾に通うことになったがどうすればよいだろう」「担任の教員が子どもに声をかけてくれないので、子どもが悲しい思いをした。そういう未熟な教員を教育界から追放したい」などという話を聞くと、親自身が子どもと同じレベルにたって同じレベルで怒ったり悲しんだりして、親自身がまだ未熟だなと感じます。

親は子どもより成熟した大人として、子どもに「その子もいいところがあるのだから、嫌いと決めつけないほうがいいのじゃないの」とか、「先生も忙しい時や問題を抱えている時は声をかける余裕がなかったのでしょう、あなたのこと嫌いで声をかけないのと違うと思うよ」と別な見方を提示して子どもの視野を広く持たせることが必要です。受験の失敗や挫折もそれを乗り越えたことで大きく成長した人はたくさんいます。子どもと一緒になげいてばかりいてはいけません。

子どもの受験の失敗に親のほうが子ども以上にがっくりきている例も多いですが、

「これは神様がもう少し勉強しろといっているのよ」とか、「大学でリベンジだ」とか、親は子どもと別の視点を持って本気で勉強すれば将来は大丈夫と励ましてあげましょう。

**慈愛になるか、渇愛になるか、その分かれ目は紙一重ですが、相手の立場と一体化するだけでなく子どもより、一段広い視野、高い目線を持つことが重要です。**「友だち親子」になって、仲よしはいいとして、**社会観、人生観まで子どもと同じ未熟なレベルに留まっていてはいけません。**

## 「孫育て」は積極的に

### おばあちゃん仮説

人間は家族が助け合って食糧の分配を行うため、妊娠育児中の若い雌は食糧獲得から解放され、複数の乳幼児を同時に育てることが可能になったといわれます。そしてサルの群れを観測した結果から、おばあちゃんのいる群れは繁殖するという説（アメリカのユタ大学、クリスティン・ホーク教授）があります。ミシガン大学のレイチェル・キャスパリ氏らは、類人猿の化石研究から同様の説を唱えています。

この〝おばあちゃん仮説〟によれば、閉経後の雌が死なないで、長生きしている群れでは子育てを手伝い、育児の知恵を伝えて子どもの生存率を上げる、とのことです。

おばあちゃんは多くの子孫を育てるうえで重要な役割を果たし、多数の乳児を育てる力となって、ヒトという種の大繁殖をもたらしたのだというのです。

## 育児を支えるのは祖父母の大きな役割

今の私達の社会では、後半期の人生は自立して生活し、子や孫と深くかかわらないのがよしとされます。現実に息子も娘も結婚しないとか、結婚しても子どもがいないとか、孫を持つのが「当たり前」でなくなっているという事情もあります。

でも幸い娘や息子が子どもを持ったら、その育児を支えるのは祖父母の大きな役割です。専業主婦の育児の負担感が共働き主婦の負担感より大きく、子どもがひとりでたくさんという若い女性が増えているのも、母親ひとりで行う育児が重荷だからです。

母親が外出する時に何時間か預かってあげる、夕食を用意してあげるなどのちょっとした手伝いが母親を支えます。もし仕事をしている母親なら、保育園への送り迎えを分担する、病気になって保育園に行けない時は見てあげる、というように祖父母の出番はたくさんあります。子どもの成長をみんなで喜ぶと共に、重荷をわかち合いましょう。喜びはみなで分かち合えば大きくなり、重荷は何人もの人で分担すれば小さく軽くなります。

私自身二人目の子どもは母がサポートしてくれたおかげで、ひとりで育てていた長女の時に比較して、格段に子育てが楽しめました。育児はひとりでするとと重荷ですが、信頼できる人と二人、三人で分担すると喜びになるというのを実感しました。

もちろん高齢者がひとりで、二十四時間、エネルギーたっぷりの子どもを育てるのは負担が大きすぎますが、保育所の助けを借りて、両親とも力を合わせて子育てに取り組めば体力の範囲で育児を楽しめます。

その際に**子どもを無責任に甘やかすのでなく、しっかりいい子に育てるのだと、教育方針を共有するようにしなければなりません。**

**甘やかしたり、母親を批判していると、「おばあちゃん子は三文安い」となります。「孫の力」はプラチナエイジの脳に刺激を与え、社会との新しい絆を生みます。プラチナエイジの活動の魅力的な選択肢は孫育てです。**

**孫のいない人は他人の孫（タマゴ）を可愛いがりましょう。**

# 嫁と姑の助け合い

## 弱くなった姑の権力

『枕草子』で清少納言は、「在りがたきもの」（なかなかないもの）として「姑に思わる る嫁の君」を挙げています。嫁と姑は原則として同居していなかった平安時代でさえ そうだったのですから、江戸時代以降同居する嫁と姑の間にはさまざまな対立や摩擦 がありました。

息子（夫）をめぐる感情的対立は有吉佐和子さんの『華岡青洲の妻』（新潮文庫）など でも描かれているとおりです。家族制度はあとから夫の家にきてその家の家風に従わ なければならなかった嫁の忍従とセットになっていました。料理、保存食づくり、掃除、洗濯、縫物すべて姑から嫁にみっちり教えられ、それによって生活文化が受け継がれるという長所もありましたが、嫁の忍従がつきものでした。

男系の家族のなかで嫁、妻の立場は弱かったのですが、母の立場は強く、息子が家長になると姑はがぜん権力者になったのです。西太后も天璋院も、母后(ぼこう)は偉かったのです。磯田道史さんの『武士の家計簿』(新潮新書)によると、貧しい武家の家計のなかからも家長の母にはしっかり小遣いが渡されています。

しかしその姑の権力も平均寿命が短いころは姑は七十歳にならないうちに亡くなっていました。嫁はその間いびられたりしても、忍従しなければならない期間はそれほど長くなかったのです。四世同堂というのは四世代同居できるのは一家が長寿で繁栄している恵まれた家族とされた時代の言葉です。

今は長寿が当たり前になってしまい、嫁と姑の同時に生きる期間が何倍にも長くなってしまったのです。また昔と異なり、姑と同居するのが「あたり前」でなくなっただけに、同居している場合の嫁の不満、フラストレーションは大きく、嫁の不機嫌に気を遣う姑の話もよく聞きます。今の姑世代は忍従した嫁の最後の世代、我慢する姑の最初の世代といわれます。

## 女性同士、世代間で助け合う

ところで平均寿命が長くなった現在、嫁が還暦を迎えても姑が生きていることがあたり前になっています。孫息子が結婚して家を離れたあと、八十歳をすぎた姑と六十歳前後の親夫婦が残されるという例も珍しくありません。嫁はいつまでも姑をいただいているうちに自分が姑になるのです。

一家に二人の主婦はいりません。どちらかが主婦になるならもうひとりは外に出て一方に主婦役を任せるべきです。私の祖母は婦人会の会長など外で公職を持つ女性でした。私の母は嫁でしたが、主婦役を任せられていたので、祖母と仲良く過ごしていたようです。ひとりで何もかも抱えこむより、協力することで家族の力は強化されます。

現在ではお嫁さんも、お姑さんも外で仕事を持っているケースもあるようですが、家の外に活動する場があるのはお互いの幸せのためにとても重要です。普通は姑が退職したあとも嫁が外で働き、家事や育児を助け合うというケースが大部分でしょう。

しかしこうした女性同士の助け合いは嫁と姑の組み合わせと、母と娘の組み合わせのどちらがよいか、それぞれ一長一短がありますが、私は母と娘のほうに軍配を上げたいと思います。それは娘気分の抜けない母親を増やしていくかもしれませんが、助け合いはスムーズです。娘は自分の親の介護からは逃げないで、世代間の助け合いをしたいものです。

そうした**プラチナの家族になるためにも、自分が七十歳代、八十歳代も元気にすごし、子どもに介護してもらう期間をできるだけ短く、家族を助ける期間を長くしたいものです。**

# 第五ヵ条　地域と若者とかかわる

## ——後半期の地域デビュー

## プラチナの言葉

人生のどんなところでも
気をつけて耕せば
豊かな収穫をもたらすものが
手の届く範囲にたくさんある

サムエル・ウルマン／人生航路の贈り物

# 地域に居場所をつくる

## 地域デビューの障害

高齢退職者が地域に帰ってきたらどうなるか……大都市周辺のベッドタウンや住宅地での大きな問題でした。

現実には定年を迎えても再雇用や、嘱託などのゆるい働き方をしている男性（女性）が多く、フルタイムでの市民として地域に帰ってきた男性はそう多くはなかったようですし、地域で目立った活躍はしていませんが、昼のジムでもスーパーでも高齢者が増えています。

退職した男性（女性）たちが地域に溶け込むには乗り越えなければならない障害も

多数あります。

第一は地域に知人友人を持っていないことです。その地域に何年住んでいても、朝はやく出勤し、夜遅く帰る。休日はゴルフ、旅行、会合などで外出するか、家でテレビを見たり読書をしているので、地域にはほとんど知人も友人もいない。キャリア女性も同じです。

大都市圏の郊外では昔からの住人は人口の二割以下、それ以外はこの三、四十年の間に移り住んできた人たちという地域も多いようです。近所には小学校以来の幼馴染も、高校や大学の同級生もいません。大都市圏でも、子育ての時期は父親も少しは幼稚園や小学校の行事やお祭りに参加していたのですが、その後またどこかに転居すると、知り合いはいなくなります。

地方から上京し結婚して木造賃貸アパートや社宅に住み、やっと子育て期に分譲マンションを買い、引退前に庭つき一戸建てに住む、あるいは転勤で各地を転々としたというサラリーマンが引退を前に郊外の一戸建てに住んでも、地域に知り合いはいません。

## 自分の将来に直結する地域環境

第二は地域に関する情報を持っていないことです。

現在住んでいる地域に住民税を納めていても、首長はだれか、地方議員はだれかも知りません、今この地域で何が問題になっているのか（たとえば教育、環境、福祉などについて）、どこにどういうスポーツ施設があるのか、学校があるのか、文化施設があるのかも知らない人がたくさんいます。大型店だけでショッピングをしていては、地域の商店街の魅力と同時に抱える課題もわかりません。

第三は地域に対する関心を持っていないことです。

自分の生まれ育った故郷には特別の愛情を持っていても、今住んでいるところに関する情報やふれ合いがないと、いつまでも仮住まい意識が抜けません。住めば都で特別な縁があるはずですし、退職後はその地域の福祉水準、文化水準が自分の生活に直接かかわってきます。お客意識、サービスの受け手、税金を払うだけというのでなく、地域をよくするためにひと肌脱ごうという意欲を持たないと、自分の将来が寂しくなります。

**男女とも退職後、いつまでも元いた職場とのかかわりだけで生きるのでなく、人生の後半期を過ごす地域に新たにデビューし、自分なりのネットワークをつくり地域に居場所をつくる必要があります。**

その点、地方では男女とも仕事、職場だけでなく子どもの頃からのネットワークや地域とのつながりがあるので、地域デビューの障害は少ないようです。自由にすごせないしがらみも多いですが、絆もあります。

# 地域に貢献する場をつくる

## まずは、地域活動に参加する

地域にデビューするにはまず人を知らなければなりません。住んでいる地域の広報紙を見ると、いろんな団体やグループの活動や会員募集の記事が出ているに違いありません。公民館や地区センター、男女共同参画センターのようなところでも、登録している団体の一覧表があるはずです。興味のある活動をしているグループや団体があったら参加してみましょう。実際に参加して、活動内容や参加者が期待と違うと思ったらやめればよいので、気楽にのぞいてみましょう。

妻や近所の人に紹介してもらうのも一つの方法ですが、こちらは肌合いが合わなくてもすぐやめるわけにはいきません。私は配偶者と同じグループには加入しないほうが、夫婦の適当な人間距離を保つためにはよいと思います。

地域デビューの前哨戦として、住んでいるマンションの管理組合の自治会や町内会の役員を引き受けるという方法もあります。役員をしてくれる人が少なくて困っている自治会が多いので、手を挙げれば大歓迎されるはずですが、いきなり「長」になるのではなく、会計など補助役からスタートしたほうがよいと思います。大企業のサラリーマンとして長年働いた人は、礼儀、マナー、対人関係能力も身についているので、一目おかれます。

近隣の人の名前と顔を知ると、なかには話の合う人がいるかもしれません。団地の自治会で思いがけず大学のサークルの後輩と出会って、テニス同好会を立ち上げたという例もあります。

地域のグループや団体に加入して仲間ができ、ワイワイ活動するというのでも地域活動は楽しいのですが、そこで名誉ある地位を占めたいと思ったら、他のメンバーのできないことをしてみせることです。

たとえば、パソコン操作、経理処理、公的手続き関係の事務は、慣れている人にはそれほど苦でないことでも、経験のない人にとっては面倒で難しい仕事です。それを気軽に引き受ける。**頼まれた仕事はことわらない。自分で仕事をかって出る。地域で活動する時に必要なのはこの姿勢です。「お願い」「やって」と言われた時にもったいぶらないで引き受ければ、その場所に受け入れられる人になります。**

政治や経済について、また文化論などレベルの高い話をするだけで働かない人、こまめな事務処理をしない人は役に立たず煙たがられます。その点地域は従業員が少なく、みんなが多能工であることを求められる中小企業と似ています。

## 社会が必要としている活動も

地域で欠かせない大きな役割を果たす公的な役職もあります。たとえば民生委員や児童委員、人権擁護委員、行政相談委員などの公的な委員です。生活に困窮している人がいないか、虐待をうけたり養護に欠ける児童がいないか、配偶者暴力の犠牲者となっている人がいないか気を配り、関係専門機関に照会します。

こうした仕事は人脈があって地域のことをよく知っている人、しかも個人情報を漏らさない信用が必要です。昔はお寺のお坊さん、退職した校長先生など地域の名士に委託されることが多かったのですが、最近は意欲のある人に委託したり公募するように方針が変わっています。こうした仕事は肩書はあっても名誉職というより、親身になって相談に乗らなければならない重責があるのに報酬は安いボランティアです。意欲のある方にはお勧めです。家庭裁判所の調停員も信頼される人が求められています。

罪を犯して服役後出所した人、執行猶予中の人を見守り相談相手になる保護司というボランティアもあります。これも心に傷を抱えた人たちが相手なので厳しい仕事ですが、社会がぜひ必要としている活動です。

社会で必要な「仕事」には報酬のある仕事と報酬のない仕事があります。多くの職業人は報酬のある仕事が立派で価値があると思いこんでいますが、地域や社会を豊かにする報酬のない（少ない）仕事の価値を理解し、関わっていきましょう。

## 地域活動は女性たちを尊重して

### 地雷を爆発させないように

地域では、女性たちがいろいろな活動の担い手です。女性たちは専業主婦でも、パートで働いていても、地域に根をおろしています。PTA、子ども会など子どもを通じたネットワーク、食品安全、共同購入などの消費者活動、地域振興、国際交流、交通安全・防犯、環境保全などの市民活動、ママさんバレーやコーラスなど文化活動を通じた仲間など多彩な人間関係を持っています。

こうした女性主体の団体やNPOに、退職した男女が参加して受け入れられるにはいくつか地雷がありますので、それを爆発させないよう注意しなければなりません。

まずは敬語。丁寧語を使ってもらえなくてもショックを受けないことです。地域の女性たちの人間関係はフラットで内輪では敬語を使いません。外部の人には丁寧語を使う人もいますが、使わない人もいます。それに対して自分はばかにされていると思わないことです。仲間と思われているのです。

つぎは自分の現役の時の肩書を振り回さないことです。たとえ執行役員でも部長でも、それは企業社会では通用しても地域では通用しません。どんなに偉かったにせよ、なんでも自分でする意気込みでないと、地域のネットワークでは浮いてしまいます。メンバーはまめまめしく世話をしてくれた秘書でもなければ、敬意を払って指示を聞いてくれた部下でもありません。同じ立場の仲間です。上から目線で指示するのでなく、自分でパソコンを打って書類をつくり、電話をかけて連絡しなければなりません。

## 相手に敬意を払う

三番目は、今までの自分の流儀に固執しないことです。別の文化と遭遇したと思って、まず相手の流儀を尊重します。郷に入っては郷に従えです。

企業の仕事の進め方に比較して、こうした団体やＮＰＯの仕事の進め方は非効率的でまどろっこしく見えるかもしれません。お互いが納得するまで話をする、コストは考えないで手間暇かける、法律や条例、規則を守らなければならない、などのやり方を「これではだめじゃないか」とけなすのではなく、「もう少しこうしたルールにしたほうが無駄が少ない」という建設的な提案をしましょう。

時には「やっぱり価値観が違う。とても我慢ができない」と思うかもしれませんが、「ほう……こういう方法でもやれるんだ」と違いを楽しむ心境になりましょう。別に地域活動の手続きを改革するため自分の意見を通す必要はまったくありません。

四番目は女性、学歴（学校歴）の劣る人をばかにしないことです。企業社会では女性はまだまだ格下に扱われますが、市民活動では対等どころかいろんな能力や経験を持っている有力者です。男性企業人と違った次元の「能力」を発見して敬意を払いましょう。

地域の女性たちは、話をよく聞いて自分の意見を尊重してくれる男性（女性）には敬意を払ってくれ、頼りにしてくれるはずです。威張っていては反発されますが、相手を尊重すると自分も尊重されるのです。これは若者に対しても同じです。

参画という言葉は単なる顔を出す、メンバーになるという参加でなく、企画、実行、結果責任まであらゆる段階に責任を持ってかかわることと定義されています。**男性も女性も、若者も高齢者も、企業人も教育者もいろんな立場の人が、ワイワイガヤガヤ楽しんでかかわり、社会を少しでもよくしたいという目標を達成するのが地域ネットワークの醍醐味です。**

私は、こうした地域活動は「イデオロギーではなく実利を目指すべきだ」という社会福祉法人共生会ＳＨＯＷＡの櫻井陽子さんの意見に賛成です。**「こうすべき」「ああでなければならない」ではなく、この活動をしたらこんなにメリットがあった、便利になった、力がついた、という実績を上げるのが大切だと思います。**この観点から、職業経験者の男性や女性の参画によって、地域活動はパワーアップするに違いありません。

# 60歳をすぎたら、リバースコーチを持つ

## 若い友人に教えてもらう

ボストンに住む長年の友人のルーシーが「六十歳をすぎたらリバースコーチを持たなくてはね」とアドバイスしてくれました。リバース（rebirth）＝再生させる手助けをする指導者という意味だそうです。年をとるとどうしても今のままでいい、無理することはないと殻に閉じこもりがちになりますが、いくつになっても新しい世界に興味を持って楽しんでいかねばならない、そうでないと過去の世界の住人になってしまう。新しい世界に踏み出すには、道しるべをしてくれる人が必要だというわけです。

今まで行ったことのないレストランに連れ出してくれる、見たことのない美術展の

面白さを教えてくれる、新しい演劇を解説してくれる、新しい携帯電話の使い方を教えてくれる。こうした新しい世界の案内役を務めてくれる人がリバースコーチです。こうした人は自分より一世代以上若い人、まだ実績を出していない修業中の人ということが多いようです。

私達がまだ社会人としても職業人としても未熟な時期の一世代以上年上の成熟した大人のメンターとの出会いが、自分たちの成長を助け、職業生活を豊かにしました。メンターが自分たちを教え導いてくれたように、自分が年を重ねたら若いリバースコーチに導かれるということです。その際自分自身が彼らにとって別の面でよきメンターであるという関係が成立していたら理想的です。

## 教えてもらおうと努める

メンターは一方的に相手を教え導き、相手の成長を楽しむといわれてきましたが、メンター自身もメンティ（助言を受ける人）によって新しい世界に接しているのです。それを受け止め楽しむゆとりを持っている「大人」は、若い人にとっても魅力的だと思います。

**「刺激を受けよう、教えてもらおうと努めていると、刺激を与えることができる」という言葉があります。自分が教えを受ける人は自分より偉く、完成した人でなければならないと決めつけるのでなく、若い、これからという人からも影響を受けるように努めましょう。それによって自分の世界がずーっと柔軟に広がっていきます。**

そうした新しい世界を知ろうと努めている年長者は、「昔はこうだった、こうでなければならない」とお説教だけする高齢者より若い人たちにとって好ましい存在となり、若い人に影響を与える存在にもなるに違いありません。

## 親とは違う視点で孫とつき合う

### 孫に与える影響を考える

昔の家族は三世代同居が多かったと思われていますが、戦前は平均寿命が短く、また子どもの数が多かったので、一九二〇年の第一回の国勢調査でも核家族が五五パーセントと過半数をしめています。現在の少子高齢社会のほうが、祖父母と孫のつながりは長く深くなっています。

一九一一年生まれの私の母は四人の子ども、十二人の孫に恵まれましたが、私達六、七十歳代の世代は四、五人の孫がいれば多いほうですし、それより若いと孫がいない、いてもひとりか二人となっています。これは孫の側からみると自分に愛情と関心を持ってくれる祖父母がいる、大人になっても祖父母が元気ということです。

昔は孫の数が多く、しかも孫とともに生きる時間が短かったので、祖父母が孫を猫かわいがりしてもそれほど孫に悪い影響を与えませんでした。しかし、孫と祖父母の人生がかかわる期間が長くなると、祖父母が孫に与える影響に配慮しなければなりません。

まず祖父母はお金やモノをプレゼントとして与えて、孫の歓心を買うことを控えましょう。「○○チャンをだめにする会」会長はジイサンかバアサンとおっしゃる小学校の校長先生がいて大笑いしました。与えすぎてよいことはありません。

孫の育児を祖母が手伝うケース。これは息子の子どもか、娘の子どもかで大分かかわりが変わります。

息子の子どもの場合、同居していれば祖父母は育児にかかわりますが、孫の母親、すなわち嫁という他人に対する遠慮はつきまといます。娘の子どもの場合は祖母が全面的に育児にかかわり、母親(娘)はそれに依存していつまでも娘気分が残りがちです。

それだけに娘の子の育児を助ける場合は、意識して育児の責任者は両親、祖父母はそれを助けるだけという認識が必要です。

夫婦いずれの親でもとくに母親が働いている場合、祖父母の育児は大きな力になります。保育所だけでは子育てとキャリアの両立がまだまだ難しい日本社会で、祖父母の手助けは母親への何よりの援軍です。

五十歳代から六十歳代のまだ元気な祖父母たちは、孫育てだけでなく、仕事やボランティアあるいは趣味など、自分の世界を持っています。保育所のおかげで、そうした自分の世界と孫育てを両立することができるのです。将来祖母が孫離れする際にも、自分の世界を持っていたほうがよいのです。

## 孫育ては心躍る大プロジェクト

子どもが少し大きくなってからも、祖父母の存在は大きな影響を与えます。挨拶ができる、マナーを知っている、伝統行事や文化に親しむといった傾向が、祖父母と同居している子どもたちの特徴といわれます。同居していなくても密接に交流している子どもたちは、祖父母の生活態度や経験談、昔話から、現在だけでなく過去とつながる伝統や文化を感じる機会は多くなります。

祖父母は自分の子育ての時には忙しくてできなかった、節句や月見などの季節の行事や、祝いごと、法事、墓参りなどの慣習を子どもたちに伝えたいものです。うるさがられると遠慮しすぎないで、自分の家系、家族についても語りつぎましょう。

自分の子育ての時は子どもの成績、進学に一喜一憂していた女性でも、**年を重ねると、人生の成功は学校の成績や進学だけで決まるのではないという実例を多数見ているので、孫の成長を長い視点で見ることができるはずです。ぜひ、新しい視点で親にアドバイスしましょう。**

親たちの進学への熱狂を少し冷やすのは祖父母の務めです。孫と一緒に自然を楽しんだり、スポーツを行ったり、一緒に出かけたりして、孫育ては祖父母に命の流れにかかわっている喜びを与えるとともに、現役の親と子にも複眼の見方を与えます。

間違っても、祖父母が孫の成績や進学先にプレッシャーをかけてはいけません。とりわけ子どもや孫を傷つけるのは、ほかの孫（いとこ）と比べたり、自分の息子、あるいは娘でないほうの親やその親族の悪口を孫に言うことです。「この子は嫁の血すじで成績が悪い」など、口に出すのは論外ですし、相手の親族の悪口は「それを言っちゃおしまいだ」と強く自戒しておきましょう。

お金やモノを無償で与えるより、大きくなった孫には働く機会や経験を与えましょう。アルバイトとして、家の掃除、不用品の片づけなどをしてもらい代価を払います。あるいは一緒に旅行に連れ出す、一緒に映画や展覧会に連れ出すことです。将来の教育資金として投資信託や株式をプレゼントして、経済について関心を持たせるのも一つの方法です。海外留学したり、一緒に旅行をする時にはスポンサーになりましょう。身近な孫を誠実で、努力ができる立派な社会人に育てるのは、心躍る大プロジェクトです。

# 孫がいない人は他孫(タマゴ)を育てる

## 社会的孫育て

いくら孫育ては立派な社会貢献だといっても、自分の孫がいない人はどうすればよいでしょう。私は、他人の孫、「他孫(タマゴ)を育てる」という選択肢もあると考えています。晩婚化、少子化が進むなかで、自分の孫を持たない人はどんどん増えています。その一方で、児童虐待など親からの愛が受けられない子ども、離婚・死別などで親が育てることのできない子もたくさんいます。

こうした子どもはまず児童相談所が保護してそれから児童養護施設に受け入れられますが、施設で育つより家庭で育ったほうがよいので、児童福祉の観点から里親という制度があります。公的な養育費も出ますが、なかなか希望者がいないのが現状です。もし本格的に子どもを育てたいと考える人は、地元の市役所に相談し里親の登録をしておけば大歓迎してくれるはずです。養子にする場合は養子里親、自立するまで育てるだけなら養育里親です。

養育里親は、親が育てられない子どもを、養子縁組を前提とせずに、親が引き取れるようになるまで、もしくは子どもが十八歳になるまで育てる制度です。養育里親に対しての手当は、かなり厚くなっています。自治体によって差がありますが、東京都の場合、八万六千円程度の里親手当と、五万五百七十円程度の生活費が毎月支給されます。ほかに学費や医療費、学校給食費や修学旅行費などが必要に応じて支払われます。育てているうちに愛情が育ち、養子になる場合もあります。

また、被虐待児や障害を持つ子どもを育てる専門里親の場合は、里親手当が加算されます。そこまで深くかかわれないと思う人はボランティアとして登録しておき、児童養護施設で育つ子どもたちを週末や休暇の時に、親類の家のような感じで世話をするという選択肢もあります。

## 若い世代にやわらかくかかわる

もう少し成長して手数のかからない、若い人の世話をしたいと希望する人は、自分の子どもたちが成長して家を出て行ったあとの部屋を留学生に貸すという方法もあります。日本に来ている留学生は約三十万人、コロナで現時点では減っていますが、その圧倒的多数はアジアの国々からの私費留学生です。

大学の寮が完備されていないため、民間アパートに住んでいる留学生もいますが、費用負担は大変です。そういう留学生を同居させるのは、人柄がわからず不安だと思うでしょうから、大学の留学生課や国際支援センターを通じて紹介してもらいます。その際は電気水道の使い方、お風呂やガスの使い方、ごみの出し方など生活のルールをしっかり定め、そのルールを守るのをまえもって約束しましょう。日本人の貧しい学生を間借りさせるのも同様にルールをしっかり決めましょう。

そのほかにも保育ママ、地域の子育てサポーターや、子育て広場のボランティアなど、東京学校支援機構に登録し公立学校を応援するなど、若い世代にやわらかくかかわれる機会も多数あるので、自分の体力、気力を見ながらどれかの活動を選択します。

**地域の育児の支え手として活動するのは高齢期の過ごし方として素晴らしいと思います。**

もちろん高齢者の世話をするボランティアのニーズはたくさんあります。体が弱った高齢者の世話は元気な高齢者の出番です。

一人で在宅で生活している方の買い物やちょっとした外出を助けるといったもの、特別養護老人ホームのパートの介護職員として働く、登録ボランティアとして関わるなど、いろんなレベルがあります。**自分にとって大きすぎる負担にならない、自分で納得できるボランティアを行いましょう。**

# 第六ヵ条　やわらかく働く

## ――後半期の仕事との新しいかかわり

プラチナの言葉

この世における最後の福音は、
お前の仕事を知り、かつなせ、である。

トーマス・カーライル

# 新しい仕事をつくり出す

## 中年起業のメニューは多い

制度が変わり、企業は定年を六十五歳に引き上げ、七十歳まで雇用社会を提供することが求められています。一方、大企業の場合は五十歳代後半から子会社、関連企業への片道の出向もあり、高齢者の雇用は守っても賃金はあげたくないということです。

企業に頼らず、自分のこれまでのつき合いのなかや、経験のなかから新しい職場を見つける、仕事をつくり出すという、もう一つの選択肢があります。

六十歳代半ばの人たちはまだまだ体力もあり、意欲も技術も経験もあります。それを活かす場がなくて、趣味や旅行で気晴らししている人は不燃焼感というか、自分自身でもエネルギーをもてあましているようです。もちろん個人差があり、体力が衰えたからもうのんびりしたい、年金暮らしは楽だと喜んで引退生活に入る人、家庭で、働く娘や息子の家事や育児を助けるのに生きがいを感じている人もいます。

個人差が大きいので一概には言えませんが、私の願いは六十歳代はもちろん、できれば七十歳代も仕事を通じて社会とつながりを持つことです。自分の力を社会の役に立てるパイプを持っていたいと思います。もちろんそれはボランティアでもよいのですが、すでに活動している団体を手伝っているだけでなく、自分から働きかけてもっとその活動が効果的に行えるように努力するならば、それも立派な「仕事」です。それを発展させていくと自力で持続する資金を稼ぐ社会的企業になります。

## 社会の役に立ちたい

**高齢期には頼まれる仕事は減るので自分が長い間働くなかで培ってきた知識、技術、人脈を活かす場を自分からつくり出さなければなりません。**もう、家族を養うための収入を確保しなければならないとか、ここで自分の存在意義を示さなければならない、という現役のころのプレッシャーは軽くなっているはずです。「いい仕事をしたい」、

「人を喜ばせたい」、「社会の役に立ちたい」という動機が主になると思います。公的年金はその時にセーフティ・ネットとして下支えしてくれます。

　こうした中年から始める起業、中年起業にはいろいろな選択肢があります。本書に紹介するのはほんの一例ですが、きっとその中にはなんらかの共感を覚え、自分もやってみようかと思う仕事があると思います。

# 持続可能な社会的企業の事業計画

## 活動は持続してこそ

高齢者支援、環境、地域おこし、障がい者支援、女性に対する暴力など社会的課題は山のようにあります。そうした課題を解決するのは行政だけでは不可能です。そうした課題に取り組む非営利団体は活動を続けるための費用を寄付、行政からの補助金、社会保険の給付金、公的資金などで集めますが、事業を行い、その活動によってそこその利益を自分で出して事業を継続していくのが社会的企業です。

利益を目的にしないで、社会に役立つことを目指す、社会をよくする事業活動を行いますが、それを持続していくために企業努力をしてスタッフに給料を払い、利益も出す企業です。

拝金論者が多いといわれるアメリカでも、財団や教会などの非営利企業へ飛び込む青年が毎年何十万人もいます。

日本でも企業は金儲けだけを目指してはいけないと、「企業の社会的貢献」（corporate social responsibility: CSR）が強調されています。企業が営利活動であげた利益を社会に還元するだけでなく、企業活動そのものを社会的福祉の促進に役立たせる行き方が社会的企業です。

社会的企業といえども、いくら目的はりっぱでも、効率的な経営をしないと利益は上がらず、つぶれてしまいます。

たとえば、病児保育を行う「フローレンス」というNPOがあります。これは仕事と子育ての両立を支援する非営利団体で、駒崎弘樹さんという青年が創業したNPOですが、いろいろな工夫をしています。病児保育といっても病床を備えた施設をつくるのでなく、子どもが病気の時自宅に保育士を派遣する。そこでかかりつけの小児科に連れて行ったり、適当な看護をする。病気の子どもを知らない医者が診るよりよいし、病床を維持するコストがかかりません。

しかし、病気の時に保育士を派遣する実費を保育料でもらうと一時間で数千円になってしまう。そこで月会費方式にして子どもが病気になれば月一回まで無料でサービスが受けられますが、病気にならなければ掛け捨てという形にして採算をとっています。母子家庭などこの月会費を払えない人には、寄付金に支えてもらい低額でサービスを受けられるプランがあります。

私もNPO昭和の理事長として昭和女子大から建物を借りて認定子ども園を運営していました（今は社会福祉法人にしました）。世田谷区、東京都からの補助金があるのでギリギリ採算がとれていましたが、少ない補助金でNPOを運営している駒崎さんには感心します。

## ビジネスモデルを明確に

地球環境分野にも多くの社会的企業家が活躍しています。環境関係は企業の社会的貢献（CSR）でも取り上げられることの多いテーマですが、省エネルギー、省資源活動は企業にとってコスト削減という目に見えるメリットが出やすいからです。

しかし、社会的活動もしっかり事業計画が必要です。私もかかわったあるNPOは、

「高齢者の生活の質の向上」という目的はよかったのですが、事務局機能がしっかりしておらず、能力と才能のあるメンバーがたくさんいたにもかかわらず、継続的活動ができず、イベントをする程度で終わっています。**事務局がしっかり機能し、持続できるビジネスモデルをつくらないと持続的活動ができません。費用を抑え、収入を得る体制をつくらないと事業は続きません。**

商工会議所では全国で創業塾を開いています。また社会企業家を養成するための学校もあります。一歩踏み出してみましょう。

# 福祉の起業に取り組む

## 福祉事業は人材の確保が鍵

毎日新聞の社会保障・福祉分野の論説委員から淑徳大学の教授になられた坂巻熙(ひろむ)夫人の潤子さんは、六十歳をすぎて岩手県の沢内村（村を挙げての予防医療に取り組んだ村）に、知的障がい者のための通所授産施設、「ワークステーション湯田・沢内」を開設しました。社会福祉法人を立ち上げるのは、規則がいろいろあってなかなか難しいので、今はコンサルタントが代理で手続きをするケースが多いのですが、自分で勉強しながら二年がかりで設立しました。

なぜ沢内村かといえば、そうした施設が近隣の地域になかった、夫の熙さんが、村の社会福祉大会に講演で訪れた際に潤子さんも同行し、この村が気にいったこと、知り合いがいたという条件もあったようです。土地も安く、東京より資本は少なくてすみます。夫は埼玉県に住んで首都圏で働いているので、半別居の通い婚、夫の資金援助もあったので実現したということです。

社会福祉法人設立の許可を得ると、建築費や設備整備には医療福祉機構などから公的な融資も受けられます。入所希望者は多く、補助金は毎月きちんと支払われるので、その点経営上の問題は少ないのですが、本人の人生にまでかかわる障がい者のお世話をするのは厳しい仕事にもかかわらず、報酬は高くありません。よい人材を確保し、よいサービスを提供するのが最大の課題で、苦労は並大抵ではありません。障がい者が少しでも快適な暮らしを、いい毎日を送れるように工夫しているときりがない、というのが実情のようです。単なる「お仕事」でなく、自分がぜひいい施設をつくりたいという夢と志がなければとてもできない厳しい仕事ですが、真剣に取り組んでいれば、それが周りを動かし協力者がついてくるそうです。

介護の分野もニーズは多く、介護保険ができてから曲がりなりにも保険金が支払われるようになったので、株式会社や社会福祉法人、NPOなどがたくさん参入しました。

なかでも特別養護老人ホームは、自立した生活をしていくのが不可能になった高齢者が生活するための施設です。個人負担が一割で九割は介護保険で支払われますが、入所希望者が多く、厚労省によると待機老人が二九・二万人以上いるといわれます。

したがって施設をつくればすぐいっぱいになるのですが、障がい者福祉施設と同様、そこで働いてくれる人材を確保するのが課題です。またニーズの多い大都市圏は土地代が高く、資産家でない人が施設を開設するのは難しく、資産のある病院や団体、資産家が開設する例が多いようです。昭和女子大では二〇二一年から福祉経営大学院を設置し効果的な施設運営のあり方を学んだ人材を養成します。

中年になって起業するなら、在宅支援の介護サービスやデイケアセンターのような通所型の施設は高額の初期資金がなくても開始できます。介護のボランティア活動をしていた人たちがNPOをつくり、サービスに乗り出すという例はたくさんあって紹介しきれないほどです。

高齢者だけでなく障がい者や子どもたちが利用できる多機能の「このゆびとーま

れ」というデイケアハウスをつくった惣万佳代子（そうまん）さんも、長く続けていた看護師の仕事を退職したあと、二人の仲間とスタートしました。

一緒に立ち上げる仲間がいると心強く、また初期資金も分担できます。ここでもいきなり立ち上げるのでなく、在職期からこの分野にかかわる仕事をして、専門分野の人たちと人脈をつくり、人材を確保してからスタートするといいようです。要支援、要介護の在宅高齢者もこれから増加する一方ですから、ニーズはたくさんあります。こうした福祉サービス分野の仕事の起業は、働く人と入所する人との信頼が鍵ですし、その意義を働いている人にアピールする能力が不可欠です。

## 儲けは少ないが、やりがいのある仕事

農業と福祉を結びつけた活動をしている人もいます。八ヶ岳のふもとの農業法人の施設では、知的障がいを持つ人たちを数人雇用して、ハーブの加工や高原野菜を生産出荷しています。人手のいる作業を黙々とこなす障がい者の人たちは、健常者以上にこうした農業法人施設では歓迎されています。

滋賀県の「大萩茗荷村（おおはぎみょうがむら）」ではそうした取り組みを多面的に行っています。酪農畜産

を取り入れた有機農業で、米や野菜や食品を自給し、販売も行っています。園内には高齢者のための特別養護老人ホーム、知的障がい者のための作業所「工房和楽」などの諸施設があり、多くの知的障がい者も一緒に農作業や介護の指導を受けながらこなしています。認知症高齢者のためのグループホームやデイサービスなどもあります。

また、養育放棄や被虐待児の生活・教育支援を行う「NPO法人わらべ村」、アジアの社会的弱者の支援を行う「NPO法人愛の会」なども設立され、広く社会的課題に取り組んでいます。

高齢者の能力、体力、知恵が必要とされる分野はたくさんあります。山形県鶴岡市の毛呂(もろ)さんの農園は後で紹介していますが、多くの人と農業を楽しんでおられました。

私は、農業は高齢者や障がい者が携わるには最高の仕事だと考えています。一人で全部かかえこむのでなく、法人をつくって活動する、年金をもらいながらたくさんの人が週三日ほど携わる形をつくれないかと夢みています。

社会福祉分野には、金めあての人が障がい者から搾取するのを防ぐため細かい規制が多々ありますが、さまざまな問題を乗り越える情熱があれば、自分だけでなくそうした人たちに仕事を通じて社会とつながる機会を与えられます。

福祉関係の仕事はいうまでもなく大儲けするのは困難な分野です。しかもかなり精神的にも肉体的にも時間的にも負担の多い職業です。しかし情熱があり、かつ経理や手続き、請求関係の書類をきちんとこなしていき、志を理解して働いてくれる人を確保できれば、何歳からでも、大きな自己資金がなくてもできる仕事です。

とりわけ自分の親や配偶者の親の介護で苦労した女性がよい介護を提供しようと、情熱を持って取り組み、夫がそれをマネージメントすれば手ごたえのある仕事をつくり出すことができます。

こうした**高齢者や障がい者の福祉を増進しながら、そこそこ採算の取れる仕事をつくり出すのは、人生の経験を積んだ人たちにとって挑戦し甲斐がある目標ではないかと思います。**

# 人に教える

## 「教えることができる」と意思表明を

サラリーマンとして働きながら趣味の道にいそしんで、ひとかどの専門家になる人はたくさんいます。お茶、華道、謡曲、日本舞踊といった伝統的な習いごとは、免許の段階が小刻みにあり、動機付けに役立つとともに、師範として教えることも可能になる優れたシステムです。

しかし自分もさらに習い続けなければなりませんし、公演に参加する出費や上のランクの人の公演の切符を買うなどのおつき合いもあります。経済的な報酬より、そうした一門に属して社会につながるというメリットが魅力なのでしょう。

一方伝統文化ではありませんが、料理、アートフラワー、歌曲、エアロビクス、ヨガ、ジャズダンス、フラダンス、英会話などは、システムが確立していないので自分の才覚で教える場をつくらなければなりません。

いくら教える力を持っていても、習ってくれる人を確保するのはなかなか難しく、そこが持続的ビジネスとして成功するかどうかの分岐点です。

カルチャーセンター、公民館、オープンカレッジなどの社会教育系の場で一コマ教えると、生徒募集についてはその組織がしてくれますが、生徒が集まらなければ報酬が減ったり、閉講になります。女性が興味を持って習いたいと思う分野、たとえばお茶、絵画、社交ダンスなどで男性が上手に教えた場合、人気が出る可能性があります。

特定分野についてよく知っている、教えられるという人は、地域の自治体が運営する人材バンクに登録して、公民館や地域センターなどの社会人教育の講座で教える道を探るのが確実な方法ですが、収入は多くありません。

「日本古典文学」というより、具体的に『源氏物語』とか、『新古今和歌集』とか、特定の分野をわかりやすくアピールするほうが聴講生は集まりやすいようです。英語の小説を原典で読むという分野、たとえばシェークスピアやブロンテ姉妹などの作家にもファンがいます。

文学や語学などすそ野の広い専門家の多い分野では、教えたい人もたくさんいますので、生徒の奪い合いになることもあります。しかし、ベトナムの経済、中南米の政治情勢など、一般の人が興味を持たない分野は人を集めるのがむずかしいかもしれません。むしろ生活のなかの法律問題、老後の資産管理などの、特定の切実なテーマには人気があります。

育児サポーター養成講座、ホームヘルパー二級、危険物取扱者のような特定の分野の公的資格をとるのは体系的な勉強にもなりおすすめです。

こちらも自分の経験と関連があるなら、「教えることができる」と地域の人材バンクに意思表明しておきましょう。もちろん謝金はお車代程度ですが、社会とつながる、経験を活かすという意義があります。有償ボランティアとわりきりましょう。

## 大学教員というチャレンジ

私は大学で責任者をしていますが、いろんな人から非常勤で教えたいという要望が多いことに驚いています。自分の履歴書や業績を用意しておき、関係のところに広く配る、という就活をしている高齢者は多いのです。終活より就活です。大学教員というのは研究だけしていて、お声がかかるのを待っているというイメージを持っていましたが、現在はそれとは大分違って、自分からポストを探し応募するのです。

最近は大学院で博士号を取った人がたくさんいるので、大学の常勤教員になるのはなかなか難しい道ですが、実務家の非常勤教員にはニーズがあります。自分の専門分野で論文や著書を書いておけばそれが実績として評価されます。大学教職のポストは公募が多くなってきていますからチャンスはあります。

さらに法科大学院、経営大学院、会計大学院などの専門職大学院では、実務家教員を求めています。職業での経験が評価されますが、それでも自分の活動を雑誌などに発表しておくとわかりやすい実績になります。

**非常勤講師や客員教授は報酬は少ないのですが、自分の経験をまとめて話したり、若い世代に自分の考えを伝えたいという情熱を持っている方にはいい仕事です。**常勤教員よりもっと条件は広く、多数のポストがあります。多様な経験を持った方に教壇に立ってもらうことによって、学生はいい刺激を受けます。大学総長の立場からは、**多くの方に人生後半期の選択肢の一つとして非常勤教員としてチャレンジしていただ**

**きたいと願っています。**

その準備として現役で働いているうちから社会人入学によって大学院に入り、夜間や週末を利用して修士号を取るのもお勧めです。第二ヵ条でもふれたとおり、有名大学でも社会科学や文科系の大学院は定員割れしているコースも多いので、入学は研究テーマや研究計画がしっかりしていればそれほど難しくありません。長期履修で単位を取って最後に論文を書けば博士号も取れます。それによって大学、大学院、学会に知人ができ、非常勤講師を口コミで頼まれることもあります。

子どもたちに勉強を教えるのが好きな人にとって、学習塾、英会話教室は自宅ででできる仕事です。これも教え方がうまいという評判がたてば口コミで生徒が来ますが、生徒募集が一番の難関です。

大手の学習塾チェーンに加入すればブランド名はあり、教材や教え方の講習もあり、安定した経営ができますが、収入のなかからかなりの割合で本部に納入しなければなりません。

収入は二の次にすれば、子どもたちの勉強を見てあげようと、学童保育のクラブと連携したり、夏休みの補習をしたりと、ボランティアとしていろいろな可能性があります。

私は現在、一般財団法人東京学校支援機構（ＴＥＰＲＯ）の理事長を引き受けており、私の報酬を学内事業等に寄附しています。この団体は、忙しい学校の教員の方の事務処理、ＩＣＴ（Information and Communication Technology＝情報通信技術）、部活指導などを外部から応援してくれる方を学校に紹介する活動をしている団体です。子どもたちの学びや育ちを応援する学校に多くの方たちに応援していただきたいと願っています。

ぜひ多くの方に人材登録していただきたいです。

# 定年帰農、中年就農を楽しむ

## 農場で得たお金にかえられない喜び

現在都会に住んでいる六十歳代までの人の多くは地方出身者です。私もそうですが、農家出身でなくとも周囲に農家があり、知人友人に農家の人がいました。私達の世代は進学や就職で都会に出て、そのまま住み続けている人が多数派です。そのなかの五パーセント、二十人に一人ぐらいは農業が好き、もう一度地方に暮らしたいという人がいますが、都会の市民農園は申込者の倍率が何十倍にもなっています。

今農業は担い手不足の危機に襲われており、耕作されない土地が広がっています。

戦後の農地改革は戦前の大地主制をなくし、小作農を自作農にしようという理想のもとに進められてきたので、土地の売買、貸借は厳しく制限されてきました。農家に生まれなかった人が農業に携わることは不可能でした。

しかも他の産業についた人より農家は現金収入は少なく、農家の後継者も、夫は公務員、教師など別の職業につき、農業はかあちゃん、じいちゃん、ばあちゃんが担い手となる、いわゆる三ちゃん農業といわれる兼業農家が増えました。

日本の稲作農業はこうした兼業農家によって支えられてきましたが、そうした農家も高齢化が進み、農業から撤退し始めています。農水省の政策もやっとこうした事態を重くみて、農地を流動化させよう、農業法人を育てようという方向に向いてきました。また農地の値段もとても安くなっています。一坪千円と都会では信じられない値段の所もあります。

そんななかでの一つの農業へのかかわり方は、前にも紹介したふれ合い農業です。私は二〇一〇年、山形県の鶴岡市にある毛呂農場を訪問して大変感動しました。その農場は鶴岡市内から車で約三十分、羽黒山のふもとの十七町ほどの農場です。

当時七十歳をすぎた毛呂千鶴夫さん、富美子さん夫妻はそこで、米、もち米だけでなく、大豆、小豆、サツマイモ、ジャガイモをはじめもろもろの野菜、柿、栗、梅、桃、葡萄、リンゴ、ブルーベリーなどの果樹、ラベンダーなどのハーブを植え、ヤギとヒツジを飼っていました。歯科医だった千鶴夫さんはセミリタイアして息子さんに歯科医院を任せ、週に一回か二回診療し、残りは晴耕雨読の生活で農業にいそしんでいました。古い遊就館という建築を移築して、一階は作業場、二階は三間つづきの座敷で大宴会もできます。富美子さんは料理の達人で優しく世話好きなので、多くの女性が慕って集いました。

収穫の時は千鶴夫さんや富美子さんの友人や、息子さんの仲間も総出で手伝い、大酒盛りです。春はヨモギを摘んで草もちをつき、夏は梅干しを漬け、秋は漬物を仕込み、季節ごとにジャムをつくり、味噌をつくり、葡萄酒までつくります。焼き芋大会、バーベキューなど何かのイベントごとに人が集まります。

こうした農産物のほとんどは自家消費、友人への贈り物で現金収入に結びつかず、一年中忙しく働き続けなければなりません。しかし毛呂さん夫婦はこの農場を舞台に、国際交流、たとえば留学生を預かる、訪問団を受け入れるという活動をしていますし、近くの特別支援学校の生徒も農作業を手伝います。女性のサークルや若い人たちの勉強会などの拠点となり、同居するお孫さんだけでなく、都会で生活する娘さんの仲間やお孫さんたちとの交流の場ともなっていました。経済的には大きな負担だったと思いますが、お金にかえられない喜びを得て地上の楽園にしておられました。

## 都会にはない贅沢な暮らし

もう少し現実的な定年帰農もあります。富山県のある夫婦は定年で公務員を辞めたあと退職金で農地を買い、桃の木と梅の木を植えて果樹農家を立ち上げました。土づくりからこだわった桃は本当においしく、五年目にして少しずつ贈答用に売れ始めました。

形が不ぞろいのものは、近所のスーパーの特売コーナーで売ります。梅も、高級梅干しとして一定の販路ができたようです。年収にしてやっと二百万円近く、土地や苗木への投資を考慮すれば元をとったとはいえない収入ですが、年金も支給開始なので、当分楽しんでやっていけそうだということです。桃と梅を選んだのは花がきれいで楽しくて、また作業期間が短いからということです。

現金収入が少ないので、農業だけの収入ですべての生活費をカバーするのは大変ですが、夫婦の年金で最低限の必要経費は賄えます。食料はほとんど自家農園で間に合うので生活費はほとんどいらない、一番大きい支出は車の維持費と交際費だそうです。

あるタクシーの運転手さんは青森の農家出身ですが、高校卒業と同時に東京へ出てきて働いてきました。そろそろ子どもたちも就職したしということで、奥さんの出身地の岩手県で三年前に安く売りに出ていた農地と農家を買い、農業をする準備を進めているそうです。こちらは稲作とリンゴから始め、軌道に乗ったら牛や鶏も飼い、土壌を有機農業で富ませるのだと言っていました。

国民年金と、農作物を売った収入で、贅沢をしなければ暮らしていける、農家の暮らしは、空気はきれいだし、時間は自由になるし、食べ物はおいしいし、別の贅沢な暮らしができると張り切っています。子どもが小さいうちは家の近くに医療機関や学校や文化施設のある都会がいいけれど、子どもが成長したあとでは、健康な人生の後半期を送るためには農業が一番というのが彼の話です。夏休みになったら、孫たちを一ヵ月預かって健康に育てるのだと夢は広がっているようです。

定年帰農、中年就農ではありませんが、農家の嫁になった女性でも新しい生き方を始めている女性はたくさんいます。滋賀県の池田さんもふれあい農園を経営しながら、女性の社会進出を応援しています。さいたま市の萩原さんは、大都市に近い自然がたくさん残っている先祖伝来の家の農地を活用して、子どもを持つ家族に農業体験塾のコース、企業の社員教育の一環としての農業教育を実施しています。

農業はその地域の共同体に受け入れられるかどうかの問題があります。いきなり、土地を買って農業に飛び込むのでなく、農業法人に雇われて二、三年経験して、土地勘、仕事勘を身につけてから独立するほうがよい、という意見もあります。新規就農支援センターが主催する就農フェアで情報を集めたり、相談にのってもらいましょう。

昔の農村は「ヨソ者」に閉鎖的でしたが、今、耕作放棄地が増え人口が減少するなかで、新規就農者を支援する取り組みも始まっており、あたたかく迎えてもらえるようです。

農産物の集荷、出荷にもその土地のルールがあり、JAなどが調整している地域もありますので、ユートピアのような話ばかりではありませんが、**現代の日本は「田園まさに荒れんとす」、耕作放棄地が増えるなかで、年金をもらいながら農業に参加するのは、今日非常に有意義な活動ではないでしょうか。**

# こだわりのお店を開く

## 採算は考えず、割り切って

退職したら自分の好きな人たちや友人たちのたまり場になるような喫茶店、あるいはバーかカフェを開きたい、得意な料理を食べさせる居酒屋を開きたい、と夢見る人はたくさんいます。退職後手打ちそばに凝って、粉や水、道具にもこだわったおいしいそばをうち、プロにも対抗できるようなそばをつくる男性もいます。

しかし、家に友達を呼んでごちそうするとみんなおいしい、おいしいと言って褒めてくれますが、不特定多数を相手に、継続的にお金を払って来てもらえる外食店を経営するのはかなり難しいのが現実です。

場所をどこにするか、客層をどこに合わせるか、仕入れはどうするか、得意料理の種類をどれにするか、戦略が大事です。外食業界はとても競争が激しく、特徴のない店では大手の居酒屋チェーン店、外食レストランチェーン店に対抗できません。有機玄米食、精進料理など、何か特徴を持ったお店は強いようです。

私の友人も親から相続した旅館を改造して、料理人をひとり雇い、一階は椅子席、二階は宴会ができる畳の個室にしてレストランを営業していましたが、設備投資の返済、人件費などのやりくりに追われていました。

料理人を雇うとそれに見合う収入を上げるのは大変なので、自分で調理師の資格を取る方法もあります。借家賃も高いので**自分の家でできる範囲で、採算は考えず、人の集う場をつくる、楽しみとして行うと割り切って、予約客だけとか、週三日だけとか焦点を絞ったほうがよいと思います。**

横浜の郊外の住宅地にある一軒家レストランもその方式でした。海外勤務中に自宅でおもてなしが多く、本格的に料理を習った奥さまが帰国後自宅で開いたレストランです。リビングを改造した十二席ばかりのお店で、奥さまがシェフ、パートの女性をひとりだけ雇い、ウエイターは大学生の息子さんやそのお友達。ＷＥＢで広報はしていますが、基本的には口コミで予約客だけです。オープンするのは木、金の夕食と土、日の昼食夕食だけですが、維持費がかからないのでそこそこ黒字だそうです。

## ネットショップを大いに活用

自分の趣味で集めた品、陶芸や染色、アクセサリーなどの作品を売るお店、発展途上国から工芸品を仕入れて売るお店も趣味と割り切ればよいですが、なかなか採算を取れるほどお客を引き寄せるのは難しいようです。

しかし、**最近では特にコロナ後、ネットショッピングが成長しています。お店はなしあるいは展示場と割り切ってホームページを魅力的にアピールするよう工夫を凝らし、全国、いや中国のように成長する市場に売り込むことも可能になっています。**

石川県のTさんはお祭り用の衣装や小道具を売るお店を経営していますが、店に買いにくるお客よりネットショップの売り上げがはるかに大きいそうです。特定の分野に集中し、ニッチ（狭い市場）を狙うのがいいようです。

コロナ禍によって、日本人は日常のショッピングをネットで行うことに慣れてきました。これからも新しいネット販売を行う人はどんどん増えていくでしょう。

# 自分でビジネスを立ち上げる

## 仕事を立ち上げ、ゆるく働く

外資系の情報通信関係の会社に長く勤務していたHさんは、五人の仲間と退職後企業組合をつくって仕事を始めました。共同でオフィス用に事務所を借り、ホームページの作成を受託したり、社員に情報処理教育をしたり、ソフトを受注してつくったり、それぞれ得意な分野の仕事をしています。忙しい時に仲間に手伝ってもらうとその分の対価を払うなどのルールを持って、仕事は一人ひとり独立採算で行っています。

ある人は現役の時に劣らぬほど週五日働き、ある人は週二日ほど働くなど、自分のペースで仕事をしています。ひとりで仕事をしているのに比べて、仕事が自分の容量を超える場合は仲間に回すとか、共通の事務所は賃料を分担できる、税務処理などは共通に処理するというメリットがあるようです。自分の家をホームオフィスにしてもいいのだけれど、毎日家にいるより通勤したほうが生活にメリハリがつくのでいいということです。コロナ禍で、自宅のそばのサテライト・オフィスで仕事をするという新しいスタイルもはじまりました。

情報技術も需要の多い分野ですが、経理の分野もどの組織でも必要とされます。

中堅企業で長く経理の仕事をしていたJさんは、妹のお店の経理を手伝ったのをきっかけに、四つの会社と三つのNPOの経理を引き受けています。いずれも会計ソフトを使い、Jさんにとって各社に月一日ずつ行けば処理できる仕事量で、確定申告も引き受けています。一社の年間報酬は三十万円平均で、七社で年金にプラスして生活を楽しむにはほどよい収入になっています。顧客の企業は変わっても数は増やさず、この程度の仕事量が適当で、主として口コミで顧客を確保しているようです。とくにNPOの一つはJさんも会員になっている環境保護活動をしている団体なので、自分の特技を活かして貢献しています。

受付などの接遇をする社内の社員の教育訓練をしてきたKさんは、退職と同時に独立していろんな企業の社員教育を受託する会社を起業しました。教育訓練をアウトソーシングする時代の風潮に乗って、少しずつ顧客企業は増えているそうです。

自分だけでできないところは、サラリーマン時代からの知り合いに協力してもらいます。相手の会社に出かけたり、貸し会議室や公的施設の会議室を使って訓練を行うので、事務所は自宅に置き、経理や事務処理をしてくれるパートの事務員さんに週三日来てもらうだけです。

**できるだけ家賃や賃金など固定費を軽くして、支出を減らすのが、楽しく仕事をするコツだそうです。**翻訳受注会社を立ち上げた女性も、同じことを言っていました。コストを減らし、仕事を確保するのが一番の課題です。仕事を紹介してくれるクラウドを運営している会社に加入している人もいます。

専門の仕事には、個人客でなく法人客を持つのが欠かせない要件です。不特定多数の個人客を相手に、専門サービスを売るのは素人では採算が取れないそうです。法人営業を成功させる秘訣はもちろん口コミ人脈も大事ですが、ビジネスライクな契約を守ることと、「任せたほうが得だ」と思わせるデータ、つまり外注と内部処理の収支を比較したデータなどを提供することだそうです。

# 中高年からの就活は資格より人柄

## 自分で働き口を見つける

日本の厚生年金の支給開始年齢は徐々に引き上げられて、一九六一年四月二日以降に生まれた男性、一九六六年四月二日以降に生まれた女性は、六十五歳からになりました。それに合わせて六十五歳までの雇用の確保が課題となり、企業は定年延長か、再雇用かを選択しました。多くの企業は定年延長ではなく希望者だけ再雇用するほうを選んでいます。次には七十歳までの雇用が広がるでしょう。

六十歳まではフルタイムの正社員として働いていた人がいったん定年で退職し、その後同じ企業や企業グループで六十五歳まで嘱託（しょくたく）などの身分で再雇用される例が多いようです。

　定年後の再雇用では役職はなく、給料は従前の三〇～五〇パーセント、残業もほとんどなしという働き方が多いようです。今まで働いていた企業のなかでは経験も生き、仲間もいて居心地はいいでしょうが、別の働き方もあります。あえて自分の属していた企業のお世話にならず、自分で働き口を見つけるのです。

　キャリア公務員の場合、五十歳代半ばの定年前に公務員を辞め、関係団体や企業に再就職するように役所が斡旋していました。現実には公務員でも、私のように役所に世話された「天下り」をしないで自分で再就職先を見つけた人も多く、そういう人は意欲的に活躍しています。

　大学教員でも、東京大学では六十歳定年制の時代、定年後私立大学に移って活躍する人が多かったのですが、六十五歳まで定年延長になってそれがむずかしくなりました。私立大学は昭和女子大学のように六十五歳定年、他大学は七十歳定年制と多様です。

　民間サラリーマンも六十五歳までゆるやかに働こうという人には再雇用、雇用延長は魅力的です。しかし六十歳代を充実して過ごすためには会社に頼らず自分から新しい可能性にチャレンジし、自分で働き口を見つける意欲を持たなければならないと思います。

それには、自分の企業だけでなくほかの企業でも通用する技術・知識・資格を持っていることを有利と考えがちですが、**じつは再就職の多くはコネや人的なつながりで得られるのです。そうした人に「○○のような仕事があればよろしく」とやわらかく広く頼んでおくのが大人の就活です。**

**今までの企業での地位や資格も評価されますが、再就職では人物、人柄のほうがずーっと大きく評価されます。この人なら信頼できる、誠実にやってくれるのではないか、と周囲が思う人に仕事はやってきます。**

## ゆるいネットワークを大事にする

転職にはソフトネットワークが有効だといわれます。同じ企業や組織に属して毎日顔を合わせているような近い関係の人より、たまに会う、ゆるやかに結びついている人のほうが、新しい可能性と機会を運んでくれるということです。

どの人がそうした紹介者になってくれるかは前もってはわかりませんから、日ごろからこうしたゆるいネットワークを大事にする、利害関係のない人にていねいに接するという心掛けが大事です。

そしてたまたま定年前でも転職の可能性を打診されたら、積極的に受けることです。退職金を大事にとりくずし、無理はしたくない、安定的に生きていきたいと思う人には新しい声はかかりません。新しい道に踏み出すのは多かれ少なかれリスクが伴いますが、それを引き受ける気概を持ってほしいものです。もちろん「うまい話」には乗らない警戒心を忘れてはいけませんが。

# 退職してから資格へ挑戦！

## 資格の挑戦はやる気のアピールに

日本人は資格を取るのが好きです。自分で好きなことを勉強していても、自分がどの程度のレベルに達したかわからないと不安です。その点、日本の伝統的習いごとの免許、師範、皆伝などと少しずつ段階を上げて進歩を確認していくというシステムは、励みにもなり、人間心理をよく研究していると感心させられます。柔道や剣道などの武道や碁や将棋などの段位、ゴルフのハンディもそれに通じるものがあります。いろいろな検定をする協会がたくさんあるのも、こうした「資格」に関心を持つ人が多いからです。

習いごととは別に、実務的な資格もあります。危険物取扱者、マンション管理士、栄養士、調理師、フードコーディネーター、販売士、消費生活アドバイザーなどなど、数多くあります。

講習を受けることを義務づけているもの、経験年数を評価するもの、筆記試験を受けるもの、実務試験を受けるものなどいろいろです。得られる資格も、医師のように国家資格として資格がないとその仕事ができないとされているものから、着物コンサルタントなどのように資格といってもその団体の中でだけ通用するもの、業界内で通用するものと千差万別です。

「この資格を取ると副収入に結びつく」、「あなたも自宅で教室が開けます」と宣伝しているものもありますが、受講生を自分で見つけなければならなかったり、英語翻訳のように、内職の下請けのような仕事もあります。「士（さむらい）商法」と呼ばれる悪徳商法もあるので、「〇〇士」の資格が取れますと宣伝して多額の費用を必要とする研修講座などは警戒しましょう。

資格は収入に結びつかなくても、自分が興味を持って勉強したいという分野の資格は励みになります。たとえば、老後の資産運用について勉強しようと思ったらファイナンシャルプランナー、不動産に興味があるなら宅地建物取引主任者の資格を取るためにテキストや講座で勉強すると、体系的に勉強できます。

独学ではつまみ食い的になりがちですが、資格試験の勉強をすると基礎知識をカバーできます。介護福祉士の資格は自分の家族や知人たちの介護の時にすぐに役に立ちますから腕力の強い男性にとくに取ってほしい資格です。

若い時はこうした資格を持っていると就職試験で採用されやすいというメリットがありましたが、再就職の時には資格があっても採用に直結しません。福祉系は需要が多いです。しかし「資格もある」と紹介しやすいという利点があります。**自分は何ができます、これができますというアピールが不得手の人には「資格」は自分の能力を雄弁に語ってくれます。**

**とくに退職してから改めて資格に挑戦したというのは、知識、技術を得ただけでなく「やる気」があることをアピールするのに大いに役に立ちます。**また自分自身も「まだまだやれる」と自信を持つことができ、自尊心、自己効力感をもつことができます。

# やわらかい働き方

## 七十歳まで働ける社会づくりを

六十五歳以上の人がすでに人口の二八・七パーセント（二〇二〇年九月発表）をしめ、二〇二五年には三〇パーセントを超すと予測されるなかで、現在のように六十五歳以上を高齢者＝働けない人として処遇する社会システムは維持できないだろうと、みんな感じています。

一方で、人手不足で困っている企業がたくさんあります。また、働き方改革で残業時間も制限されています。若者の人数が減り、労働力は不足しています。

年金システムは雇用制度、財政・税などと総合的に考えなければならないので単純な議論はできませんが、私は、七十歳まで働ける、働く社会をつくらなければならない、そうでないと社会保障も職場も社会全体を維持できないと思っています。

もちろん個人差があって四、五十歳代でも病気やけがで働けなくなる人はいます。そういう人には傷害保険や早期退職年金が必要になるでしょうが、基本は年金支給開始年齢を七十歳にし、六十歳代は働く社会にならざるを得ません。

働くといってもフルタイムで残業バリバリという働き方でなく、短時間勤務、週に二十五時間ほどが目安です。一日六時間で週四日働くか、一日八時間で週三日働くかというところです。私の近所のマンションの清掃スタッフ募集は、時給千二百円で一日三時間を週四回で、月六万円余りです。

二十歳代、三十歳代の人が非正規社員として働いた場合、キチンとした職業人としての倫理やマナーを教えてもらえないという大きな課題がありますが、六十歳代ならそれは身についていますから新しい技術さえ習得すればいいのです。

## 「必要とされて楽しい」と思えるように

昨今では、若い人が派遣で働いていますが、派遣切りに合うのはかわいそう、雇用保障をしよう、雇用規制をしようという動きがあります。しかし短期で雇用調整できる労働者を求める企業も多いのです。六十歳以上の労働者ならば製造業にも派遣社員として働けるというように、特別措置をつけることで六十歳代の働く場を確保する法律をつくるべきです。

非正規社員の多い外食サービス業、販売などもそのようにして高齢者の働き口を増やす、十五歳未満の子どもを育てている勤労者の子育て世代の働きすぎを規制して、その分、高齢者の働き口を増やす工夫が必要です。障がい者雇用率のように六十五歳の高齢者の雇用率を義務づける考え方もありますが、むしろ同一労働同一賃金の原則で時給をあげ、正社員は若い人に譲り、非正社員として高齢者が自由に働けるようにすべきです。

いわば世代間でワークシェアリングする新しい仕組みを考えるのです。今の日本は子育て世代の正社員は過労死するほど長時間働き、一方で、働き口のない失業者や元気な年金生活者を生んでいるという、アンバランスな状態です。もっと多くの人が働く社会をつくらなければなりません。

もちろん一番必要なのは年をとっても社会から必要とされる専門知識や技術を持っ

て働けるような個人としての努力です。年をとっても社会で通用する人間である努力は意識して続けなければなりません。六十五歳まで働く社会は現実になりつつありますが、七十歳まで働く社会がその次にくると思います。

その時に**「こんな年をとってもまだ働かなければならないのか」と考えるより、「社会から必要とされ張り合いがあって楽しい」と考えるプラチナエイジであってほしいものです。**

# 第七ヵ条　人生の引き際まで美しく

## ――後半期の錆びない生き方と死に支度

## プラチナの言葉

過去から学び、今日のために生き、未来に対して希望を持つ。大切なことは何も疑問を持たない状態に陥らないことである。

アルバート・アインシュタイン

# 生活習慣を見直す

## 70歳代は腹六分目

高齢期に一番大事なものと言われたらほとんどの人が「健康」と答えます。健康が人生のあらゆる時期を通じて一番の宝であることは今さら言うまでもありませんが、プラチナエイジではとくに重要になります。高齢者はコロナだけでなく、結核やインフルエンザなど感染症にも気をつけなければいけません。糖尿病やがん、高血圧、心臓病、血管系疾患など日本人の死因となっている病気は、生活習慣や生まれつきの体質によるものが多くなっています。活性酸素を除くサプリメントなどもありますが、まずは、日常の生活習慣を改善する必要があります。そうすることで、コロナにも負けない免疫力を持ち、長く健康な生活を続けることができます。

まず第一は食生活です。できるだけ農薬や添加物を使わない野菜中心の食事を摂り、白米、塩、白砂糖、油脂、肉の摂取を減らし、良質なたんぱく質は魚や大豆から取るようにします。肉は地球環境にも負荷をかけ、私たちの健康も損ないます。それでも食生活は長期間の持続ですから、玄米菜食にこだわるより、無理なく続く範囲で自然に近い食生活をこころがけます。蒸したり、焼いたり、シンプルな調理で十分です。**特別この食品さえ食べていれば健康になる、という魔法の食べものはなく、バランス良く食べるのが一番です。小食が老化を遅らせます。**

六十歳代で腹七分目、七十歳代で腹六分目、八十歳以降は腹五分目と聞くと、食いしんぼうの私にとってはつらい目標ですが、人間という生物は飢餓には強くても飽食には弱いのです。

タバコは百害あって一利なしで絶対やめるべきですが、お酒は適量をよいつまみと水とを組み合わせて飲んでいればよいといいます。

第二は運動です。**特別な運動の時間をとるのはむずかしくても、できるだけ歩く、自家用車やタクシーは極力減らし、地下鉄や電車を利用し、エスカレーターやエレベ**

**ーターを使わず階段を上り下りする。自転車を愛用するのもいいことです。**私は今も自宅から徒歩通勤、移動は地下鉄を基本とし、理事長車は持ちません。

私もできるだけ歩くようにしていますが、自分の健康のためだけでなく地球環境にもいいのは嬉しいことです。また多くの長寿者は呼吸法を大事にし、腹式の深い呼吸を心がけているようです。ヨガや気功、ストレッチや真向法（まっこうほう）体操のように時間や場所を選ばずできる運動を習慣づけましょう。

## よく笑い、心をときめかせる

三つ目は心の持ち方です。くよくよして悩んでいても始まりません。**まず笑う、笑顔はつくり笑いでも心を明るくするそうです。**迷う前に一歩足を踏み出し、修正しながら進めればよいと考え、一〇〇パーセント完全を目指すのはやめます。できるだけその日よかったこと、幸福だったことを寝る前に思い出す、書き記すと気持ちが明るくなります。

自然や美しい景観、きれいな空気を楽しみ、感謝を忘れない、趣味を楽しむ、会話を楽しむといった**幸せを感じる生活態度が、心の健康、体の健康につながります。**

四つ目は脳への刺激です。好奇心を持って新しいことにチャレンジすることが脳を活性化し、健康にもつながります。**面倒がらない、新しいことを面白がる、知らないことをそのままにせず調べたり勉強する、感動することが脳を活性化します。**同時に深いよい眠りも脳の健康に不可欠だそうです。信頼できる友人や仲間の存在はもちろん重要ですが、異性に心をときめかせるのも脳を刺激するそうです。

こうした生活習慣は、無理をせず持続できるものでないといけません。ダイエットをしてはドカ食いを繰り返し、リバウンドしていては、やせない体質になるようにムリは続きません。運動も三日坊主では効果がありませんので、ゆるやかでよいので習慣にしましょう。

ハーバード大学のデビッド・A・シンクレア教授は、老化は病であり克服できると『LIFESPAN―老いなき世界』(東洋経済新報社)で強調しています。老化をコントロールすることは医学・生物学の研究者の最前線の課題で、私たちも百歳以上まで元気に生きるのも不可能ではない時代がそこまできています。

# 年をとってもクリアな脳でいるには

## 九十歳代でも活躍する人、六十歳代でも老け込む人

身体はまだ元気なのに知的能力が損なわれた高齢者の認知症の原因は、脳が萎縮するアルツハイマー病、あるいは脳血栓など脳の損傷によるもので、少しずつそのメカニズムが解明されてきていますが、だれしも自分は最後まで、クリアな頭脳を持っていたいと望んでいます。

私の尊敬するある大学教授も八十歳代半ばで認知症になられました。活動的で明るい方だったのでショックでしたが、原因も予防もまだわかりません。

一九一一年生まれで、二〇一七年に百六歳で亡くなられた日野原重明聖路加国際病

院名誉院長・聖路加国際大学名誉理事長の活躍はだれしも知っています。瀬戸内寂聴さん、佐藤愛子さんも、九十歳をすぎて元気でご活躍です。この方たちも若い人たちにまさるとも劣らない気力、知力、意力を持って活躍しておられます。昭和女子大にも六十五歳の定年でも辞めていただくのは惜しい、本人もまだまだ教え続けたいという教授もたくさんおられます。

一方で、六十歳すぎてすっかり老い込んでしまい、引退モードに入って、病気の話と孫の話しかしなくなっている人もいます。その差はどこから生まれてくるのでしょう。

脳のメカニズムは最近少しずつ解明されてきました。たとえば、脳はたくさんの新鮮な酸素を必要とするので血流を活発に生き生きさせなければすぐに退化する。良質な糖とたんぱく質が脳には必要な栄養素である、学習効果を高めるには睡眠を活用する、記憶するには黙読するだけでなく声に出して自分の耳で聞くというようにいろんな感覚を動員する、勘をよくするには論理的な左脳だけでなく右脳を使うなどなど、いろんな知見を伝える本が書かれていますが、まだ全体像は不明です。

## 老人ボケを防ぐ五つの対策

老人ボケを防ぐための脳トレがブームになり、算数の計算問題を大人がせっせと解く姿もよく見られました。次々と刊行される「脳本」がこれだけ人気を集めるのは、すなわち現在の社会が脳をきわめて重視していること、仕事をするにも知的能力を必要としていることの表れでしょう。そして認知症になりたくないと願う人が多いからです。

**「興味がない」と物事を避ける、「嫌だ」「疲れた」と愚痴を言う、めったに人を褒めないというように、脳を不活発にする習慣が脳の働きを悪くしているそうです。**ふだんの生活でも明るく積極的で、人が好きで生き生きしている魅力的なキャラクターになるよう努めていれば、脳も生き生きと活動するという心強い説もあります。

具体的には次のようなことに心がけるとよいようです。

① 単純な繰り返しでなく、新しく少しむずかしい課題に挑戦する。
② 六時間以上の睡眠をとる。食事の時には二十回以上、できれば三十回咀嚼(そしゃく)する。
③ 青魚、緑黄色野菜など、体にいい食物は脳にもよい。

④　ストレスを（なくすることはできないが）抱え込まない。

⑤　歩いたり軽い体操をしたり運動を欠かさない。

アルツハイマー病も、早期に発見されれば薬によって進行を遅らせることが可能になっています。いろんな科学、医学の成果を活用して、一日でも健康でいる日を長くしましょう。

# モノを減らす

## モノを大事にするのは使ってこそ

年をとると持っているモノが多くなります。また高価な服やアクセサリー、バッグももったいないと思ってふだん使わないままとってあります。思い出の品は捨てられません。これは本当にモノを大事にしているようで、じつは大事にしていないのだと、最近、自戒しています。モノを大事にするのは使ってこそです。

ときどきごみに埋もれて住んでいる人、亡くなったあとごみの山だったという高齢者がいますが、年をとると片づける精神的エネルギーがなくなるのです。片づけは体力だけでなく、判断力、決断力がいる精神的にも疲れる仕事です。

私も最近はいただいた珍味や高級な食材も「あとで」としまい込まず、どんどんいただくようにしています。使わないで死蔵していると、モノに対して失礼だと思うようになりました。**どんなに高価な衣服やアクセサリーでも、子どもたちに残しても感謝されません。自分が使ってこそモノの命が生きるのです。**

私の友人は母上の遺品整理で、高価な着物も、帯も、由緒あるお茶の道具も、お皿も、自分で使う機会がないのだからと思いきって二足三文の安値で業者に引き取ってもらったが、罪悪感にさいなまれたと言っていました。

私も、母の紬（つむぎ）の着物など手放す気になれなくて手元に置いていますが、まず着ることはないでしょう。着物をベストやドレスに仕立て直すサービスもありますが、かなり高価ですが、あまり着ません。衣服は自分の気に入ったモノは自分が生きているうちに十分楽しんで、残された人たちに罪悪感を持たせないですむほど着尽くして廃棄してもらうのが一番賢いのです。

家具や皿茶碗、塗り物など、いいものは子どもたちに残したいと思うのですが、趣味が合うかどうかわかりません。もし**とても愛着のある因縁のあるもので大事に伝えたいなら、生きているうちに子どもたちにそれを伝えてプレゼントしましょう。**

自宅を改修改築する時や、老人ホームに入る時は、持っているモノを整理するいい機会です。自分で整理ができないなら、業者にお金を払って整理してもらうのも一つの選択です。

## モノを減らすのは、新しいモラル

遺品整理というビジネスがあります。自分で片づけられない人は活用しましょう。経験者によれば、その時は現場に立ち会わないで見ないようにするほうがよいそうです。

自宅を改築する時に収納場所を多くというリクエストが多いようですが、収納場所を多くするより、モノを整理するいい機会と考えるべきです。いいものかどうか、まだ使えるかどうか、捨てるのはもったいない、いつか役に立つ時がくる、という基準ではなく、これからの生活に必要かどうかと判断基準を変えなければなりません。**自分にとってはまだまだ使えるいいモノが、他人から見たらがらくたという現実を直視しましょう。**断、捨、離という言葉の本来の意味に立ち返らなければなりません。人間、死ぬ時は一人。どんなに好きなモノもヒトもあの世へ持っていけない。残しても処理に困るだけと覚悟しましょう。

立つ鳥跡を濁さず、平均寿命前後の年齢になったら、遺書を書くのが必要なように、**できるだけモノの整理をする、できるだけモノを減らすことをこころがけるというつらい仕事、つとめを果たすのが高齢者のたしなみです。**

# 老後の資産はいくら必要か？

## まずは住まいの確保から

医療保険（長寿医療制度）、公的年金、介護保険が十分機能するとして、その上乗せ分として個人はどの程度老後の資産を準備すればよいのでしょうか。二〇一九年、公的年金に加え約二千万円の貯蓄が必要という報告書が発表されました。私はそれより公的年金以外の収入を得る、一年に百万円でも働いて二十年間所得があればよいと思います。

まず大事なのは住まいの確保です。住宅ローンをまだ完済していないとそれは大きな負担になりますが、住宅ローン完済の平均年齢は七十三歳だそうです。ちょっと遅すぎます。

住まいに関しては昔の常識は通用しません。人口が減少し始めている二十一世紀には、土地や住宅の価値が上がり続けるという土地神話は完全に過去のものとなりました。空き家が増えていますから、都内の人気エリアは別として、家賃ももう上がりません。

特に地方の住宅は値上がりはしないでしょうから、高額物件を無理して買うより、環境のよいところに借りて住むという選択肢もあります。地方の県庁所在地では一戸建てでも月に十万円以下で借りられます。高齢期の家計に負担になる修理代は借家では家主負担です。

しかし老人に住宅を貸すのは嫌という家主もいますから、資産としてではなく、安定した住まいを確保するために家を買う、若いうちに買っておくという人が今のところ多いでしょう。ただ、ローンの負担をあまり背負わないようにすべきです。

ましてや老後の収入を確保するため、ワンルームマンションを買って貸し家にするというのはお勧めできません。マンションは古くなると家賃を下げても借り手は少なくなり、資産価値も低下し、売るのも困難になります。

子どもの教育費も大きな負担です。晩婚で遅く子どもが生まれると、六十歳前後にようやく大学を卒業します。大学までは生活費、授業料は親が出すという家が多いようですが、国立でも年間授業料は約六十万円で、私立は約百万円です。自宅外通学は生活費としてそれにプラス百五十万円ほどかかります。できるだけ自宅通学が経済的にはお勧めです。いろんな給付型奨学金も活用しましょう。

学校は卒業していてもいろんな理由で定職につけず（つかず）、不安定な生活をしている子どももいます。なかにはひきこもってしまう子もいます。**子どもが経済的に自立している、親が子どもの生活費を考えなくてすむように育てる、というのがプラチナエイジの生活設計で最大のポイントといって過言ではありません。**

# 体が不自由になったらどこで過ごすか

## 自宅で過ごすなら対策を

老後という言葉がふさわしくなるのは人生の末期の十年前後です。個人差はありますが、私が考える老後は、現在なら男性で八十五歳、女性で九十歳以降でしょうか。少しずついろいろな機能が衰えてきて、自分ではできると思っていたことができなくなっていきます。食事をつくるのが面倒、出かけるのがおっくうになると社会的な役割からもフェード・アウトしていかなければなりません。

その時期をどこでどう過ごすかはだれにとっても大きな課題ですが、私は自分で生活できるうちは、自宅で過ごすのがよいと思います。

買い物に行くのがつらければ宅配を利用する、火の扱いがこころもとなくなったら電磁調理器にする、トイレや浴室に手すりをつけたり、段差をなくしたり高齢者仕様にする、週に一回ぐらいはヘルパーさんに頼むとか、孫たちにアルバイト料を払って掃除してもらうなど、いろいろな対策を講じて生活できるようにしましょう。

私の叔父叔母夫婦は、叔父が九十三歳で亡くなるまで、六歳年下の病気がちの妻と支え合って暮らしていました。七十歳代には海外旅行に出かけたりしていましたが、八十歳代半ばから出歩くのが難しくなりました。

夫のほうが先に亡くなり、その後叔母は介護つきの有料老人ホームに入りました。

**自宅で生活を送るためには一日でも長く自分で歩ける、自分で料理ができる、自分で掃除ができる能力を保つことです。そうした生活能力とともに、聞いたことを理解できる、話ができる、という知的能力を保つ努力を続けることも大事です。**どちらも加齢とともに衰えますが、自分の家で暮らしていれば何かとやらなければならないことがあり、それが刺激となって衰えの速度を緩くするのに役立つのではないでしょうか。

## 施設入居は必ず納得して決める

公的な施設のなかで注目されるのは高齢者サービス付住宅ケアハウス（一般型）です。これは１Ｋほどのスペースで、トイレ、浴室、ミニキッチンなどがついています。ここへ入居するのは自立して生活できる高齢者ですが、必要になれば外部の介護サービスも頼めるので、要支援や介護度一までの人には向いています。食事も自分でつくりたくない時は食堂で食べ、掃除や洗濯も必要な時だけ頼むことができます。まだ自立能力があるうちに今までより狭いスペースに引っ越すことで、身辺整理もできます。

まだ数が少なく、現実にはそばにない、選択肢に入ってこないのが残念です。

体が動くうちから民間のケア付の有料老人ホームに入って、食事の用意や掃除洗濯から解放され、そこで催される習い事に参加したり、行事に参加して楽しく過ごすというライフスタイルに私は反対です。**こうした施設に入居するのは自分で暮らすのが困難になった時、周囲の人たちの重荷になるような状態になった時と私は思っています。民間施設は費用もサービスも多様ですから、情報をしっかり集め、必ず自分で体験入所し納得したうえで決めましょう。**

男性は配偶者を失うと「お嫁さんや娘に世話になるより施設に入る」という人が多いようです。これは男性に生活力が乏しく寂しがりやの人が多いからでしょう。

施設入居は病気で入院したことがきっかけになります。入院すると心身が弱って、自力でトイレにも行けなくなるケースが多いので、退院したあと自宅で生活するのが難しくなります。病院も療養型病院なら長く置いてくれますが、普通の病院は治療が終わり安定期に入ると退院を求められます。

その時にすぐ特別養護老人ホームに入れればいいのですが、入所待ちの人が待機しています。その間資金に余裕があれば有料老人ホーム、資金に余裕がなければ自宅で待機することになります。こうしたつなぎの時期は、子どもや身内にある程度世話になるのはやむを得ないと思います。遠慮しすぎず、感謝してお世話になりましょう。

# 親の介護と向き合う

## 生活を左右する親の介護

長い間介護は家庭で女性が担ってきました。二十世紀後半の女性は親の老後、夫の老後、自分の老い、つまり三度老後の問題に直面しなければなりませんでした。

しかし現在は女性だけでなく男性も、親の介護に向き合わなければならなくなっています。昭和の「介護」は女性問題でしたが、令和の介護問題には夫や息子も加わり始めました。

親が介護を必要とするようになると、プラチナエイジの暮らしはガラッと変わります。**介護は育児以上に時間の制約、そして身体的、精神的負担の重い重労働です。**家制度のもとでは舅、姑の介護は長男の嫁の責任とされてきましたが、子どもと同居している高齢者は急速に減っています。最近は少子化のなかで自分の親の面倒もみなければならない女性も増えてきています。子どもとの同居が減り、高齢者が夫婦で住む「お二人様」化が男性介護者の数を増やしています。

注目されるのは、息子が結婚しないまま親と同居していて介護する立場になる例です。日本の男性の生涯未婚率は約二四パーセントです。八十歳代の親を五十歳代の息子がみる「８０５０」という言葉も生まれました。男性は女性より生活の技術、能力が身についていない、自分がしなければならないと覚悟ができていないだけに、介護に疲れて親を虐待したり、無理心中したりする不幸な例もあります。

プラチナエイジの生活を左右する親の介護ですが、いつ何時介護が必要になるか、長いか短いか、どの程度の重さか、施設に入れるかどうか、いずれも前もっての予測はできません。したがって万全の備えを前もってすることはできないのですが、その時にうろたえないだけの覚悟は男性も女性も必要になっています。社会がそれを支える仕組みも大事ですが、最後は私達の覚悟が求められます。

## これから介護保険は不可欠

私も同居していた母が八十歳を超えてから、いつ母が倒れるか、時限爆弾を抱えているような気分でしたが、結果として九十二歳まで、心臓の病気を抱えて日々に弱りながらもなんとか自宅で曲がりなりにも生活ができ、三日間の入院で死にました。「なんて子ども孝行な親か」と言われたものですが、母自身も「寝たきりになりたくない、ボケたくない」と口癖でしたので、その願いがかなった母自身も、私達子どもも幸運でした。

しかし今になってみると、母に「寝たきりにはならないでね」と言っていた自分を後悔しています。「どんなになっても最後まで面倒みるよ」と言うべきでしたが、当時の私にはそれだけの人間としての器量がなかったのです。

介護を支え合おうと人間の知恵から生み出された社会保障であり、二〇〇〇年から施行された介護保険です。まだまだ、不合理なサービスが多い、要支援への適用が必要だ、介護者への報酬が低いなどいろいろな課題は抱えていますが、介護保険によって地域の介護が少しずつ充実してきています。お二人様の穏やかな老後の生活もどちらかが倒れると、介護はもう一方の配偶者の肩にずっしりかかってきますが、その時も介護保険が大きな支えになってくれます。親が若くして倒れ、今でも五十歳代のキャリアの収穫期に退職を余儀なくされる女性もいますし、仕事と介護の両立に疲労困憊している男性もいます。声を大にして言いたいのは、介護離職は、子どもの老後の貧困化を招くということです。

介護保険は自分の老後を支えるだけでなく、親の老後を支え、自分の後半期の人生を充実させるうえで不可欠の社会制度ですから、過大な給付を自制し持続する制度として活用していきたいものです。

## 住み慣れた地域に住み続けたい

「遠距離介護」という言葉を聞くようになりましたが、この背景には親が住み慣れた地で施設や病院に入ったり、ヘルパーの助けを受けて生活できるようになった介護保険制度の浸透があります。

八十歳代あたりですと、入院して治療を必要とするほどではありませんが、外出が困難、日常生活動作が不自由になり、要支援、要介護度一か二というレベルの人が一番多いのです。とくに高齢者で単独で自宅に住んでいる人の約四割が要支援で、掃除や買い物、調理などの支援を必要としています。なんとかこれを有償ボランティア的に支えるか、子どもや親族が支えるか、一番対策を考えなければなりません。

私の友人も、一人娘で両親が生きている間は二人が助け合って生活しているのを、三ヵ月に一回ぐらい新幹線を利用して様子を見に行っていましたが、母親だけになってからは特別養護老人ホームに入れ、月に一回以上通うという生活を十年続けました。それでも「介護保険のおかげ、老人ホームのおかげで何とか自分の生活を破綻させずやっていけた」と感謝していました。

今団塊の世代の多くは親を見送りつつありますが、この世代はまだ一人っ子は少なく、兄弟が手分けして顔を出す、お金を分担するということも可能です。

親の介護で兄弟の結びつきや絆が深まったという人もいますが、兄弟げんかをしたという人もいます。**危機の時こそお互いの人間性が試されます。**

# 70歳になったら「死」の意思表示を

## いかに死ぬか

戦争や災害が、病気が現実に起こる時代は死が身近でした。

いつの間にか私達はそれは克服したように思っていましたが、東日本大震災といい、コロナといい、自分も生物である以上、死は必ずやってきます。

日本人の多くが高齢まで生き、戦死、事故死、結核などの感染症による死が身近から消え、ガンや心臓、血管系の病気で死ぬ高齢者が増えています。日本人の死亡原因のトップはガンですが、若い人あるいは六十歳代、七十歳代にガンで亡くなるのはつらく苦しいですが、九十歳以上の人がガンでなくなるのは天寿ガン、天寿を全うした亡くなり方だという意見に私は賛成です。ガンにかぎらず、高齢まで生きると、穏やかに死を受け入れる境地になる人が多くなるそうです。

脳卒中や心筋梗塞のように急に亡くなるのも本人にとっては悪くないかもしれませんが、周りは困ります。高齢になってがんになり、痛みを緩和する処置を受けながら亡くなるのは、悪くない亡くなり方だと思います。

個人個人の死生観によりますが、九十歳をすぎれば、老衰がいちばん穏やかな死でしょうが、ガンやそのほかの病気でも、長寿者ほど苦しむ時間が短くて、穏やかに亡くなることはできるそうです。

私は、コロナのような感染症にかかり重症化したら、若い人に人工呼吸器などは譲り、自分は不自然な延命処置はせず、死を受け入れようと思っています。

## 意思表示は書面で

すべての人は確実に死にます。私達はそれを忘れて生きていますが、コロナウイルス感染症ではその現実を突きつけられました。高齢期になると時に、自分はどのように死にたいかを考え、意思表示をしておくことが必要です。

エンディングノートという冊子もありますが、考えられる最高の医療治療をしてもらいたいのか、それより苦痛を緩和してもらって、穏やかに死にたいのか。また、尊厳死を望むかどうか、臓器移植や献体を行うかどうかも意思表示しておきましょう。認知症などで正常な判断ができなくなる前に直筆で書面にしておくのが一番確かです。

死ぬのは経験のない世界への旅立ちです。臨死体験をした人は、苦痛より、光や喜びを見たとも言いますが、やはり死は未経験で不安でおそろしいものです。

仏教には、死別にしても生き別れにしても、愛する人とは縁があればきっと来世でも会える、「倶会一処(くえいっしょ)」(倶(とも)に仏の浄土であう)という言葉があります。

# 「お墓」と「お葬式」は生前に話し合う

## 多様化するお墓

かつて死者の大多数は「○○家の墓」に葬られました。妻たちも実家の墓ではなく、夫の家の墓に入りました。沖縄などには門中（もんちゅう）という一族が入れる大きな墓もあります。ところが最近は地方の墓を都市部に移すようになっています。「墓しまい」といわれるように、後継者のいなくなった郷里の墓をひきはらい、その後自分の居住地の近くに家の墓を移すのです。

親や配偶者のような身近な人の墓には年に一回でなく命日や彼岸などにたびたび墓参りしたいという希望も、その背後にあると思われます。

また妻たちのなかに、夫の家の先祖や舅や姑と一緒の墓より、自分たちの新しい墓がほしいという希望も出てきました。数は少ないながら、夫と同じ墓に入りたくないという妻もいます。

墓を建てないで、海に散骨する、山で散骨する、という自然葬を選ぶ人も増えています。新井満さんの日本語詞・作曲の「千の風になって」というヒット曲もそうした思いを広めているかもしれません。寺院の一角に共同墓や共同の納骨堂が設けられる例、寺院だけでなくNPOや会社の運営するお墓もあります。個人墓、ペットと一緒に葬られる墓、いろんな墓が選べるようになっています。

その一つが樹木葬で、何人かのお骨を根元に埋め、その目印として木を植える、年月が経つとその木が大きく育ち、公園のようになるというわけです。ボストンの彫刻家バーンズ・K郁子さんも、そうした美しい墓地に眠っています。

## 音楽葬、フラワー葬、友人葬

お墓のバリエーションが多くなったように、お葬式のバリエーションも増えています。まだまだお墓のある菩提寺のお坊さんに頼んで仏教系のお葬式をするのが主流とはいえ価格が高く戒名料など不透明です。今では宗教色のない葬式が増え、なかには音楽葬、フラワー葬、友人葬などさまざまな形で行われています。

亡くなった人がまだ平均寿命より若ければ、友人など長いつき合いの参列者が多くなります。しかし長生きをすると、葬式への参列は故人本人の関係者より子どもの関係者が多くなります。子どももすでに職業から引退し、同世代もほとんどいない超高齢者の場合は、参列者の少ない葬式になります。家族だけで密葬し、あとでお別れの会を開くという例も増えています。特に二〇二〇年はコロナの感染をおそれ、小規模な家族葬が急速に普及しました。

**自分はどのような墓や葬式を好むのか、生前に意思表示をする時代になりつつあります。できれば家族とも話し合っておきましょう。**

# 遺産と遺言の準備をする

## 遺言。いつ作るか、どう作るか

遺言が必要なのは一部のお金持ちだけと思い込んでいる人は多いようです。しかし遺産や相続をめぐって兄弟の関係が悪くなったという話はたくさんあります。相続の発生件数は年間約百万件余り、そのうち約一割が裁判所にもち込まれているそうです。相続が争族といわれるゆえんです。

日本の民法は配偶者の相続権を尊重するとともに、子ども同士は平等の相続権を認めています。

現実には、親が再婚して間もない場合は配偶者が遺産の半分を相続することに違和感を持つ子どももいるでしょうし、子ども同士の間でも親と長く同居して介護までした子どもと、めったに顔も見せなかった子どもを平等にしてよいのか、など個別事情によってさまざまな考えがあります。そうした事情を一番知っている本人が、しっかり相続について意思表示をしておくことは大人の家庭人としての義務の一つです。

遺言は資産家か自家営業のような家業のある人だけの話ではないのです。今は普通のサラリーマンなど、多くの人がそれなりの資産を持っています。金融広報中央委員会の調査（二〇一九年）によれば、世帯主の年齢が六十歳代の平均貯蓄高は一六三五万円で、人により、職業により、地域により差は大きいですが、三千万円以上の資産を持つ人も増えています。その一方で貯蓄ゼロの人も二九パーセントもいます。

いつからそうした遺言についての準備を始めるべきか、人によって差はありますが、いつどんな時にどんな事故や病気が襲ってくるかわかりません。六十歳でも六十五歳でも、思い立った時に着手すべきです。まあ七十歳以降でしょうか。

まず、自分の現在の資産状況を把握するのが第一歩です。一年に一回、お正月か、誕生日か、自分の資産の現状把握をしましょう。不動産は居住用とそれ以外、時価はその時々で変動しますからおおよその目安でよいでしょうが、場所、広さ、築年数など記録しておきます。取得した時の費用がわかる書類も一緒にしておきましょう。

有価証券も金融機関からの報告書を最新のものにしておきます（毎月・毎期送られてきて、どれが現在の報告書かわからなくなる時があります）。生命保険や年金関係の書類も忘れがちですが、大事な書類です。基礎年金番号、厚生年金番号など記録しておきましょう。これらの自分の資産を把握したうえでどのように配分するか、自筆で簡単に配分を書いておきます。

そして節目の時には正式の遺言をつくり、信託銀行などに遺言の執行を委託する、公証人に依頼して公正証書で遺言を作成し寄託すればよいと思います。信託銀行はかなりの手数料を取りますから、委託契約の前に確認して選びましょう。

遺言はどれだけ正式なものでも、いくらでも途中で変更できます。家族の状況や、家族と自分とのかかわりは年々変わりますから、それに応じて変えましょう。一年に一回の資産の棚卸の時に配分も見直しましょう。

## 遺言は感謝を示すもの

一昔前の家族制度の考え方を強く持っている人は、資産は家産で家を継ぐ長男に伝えるものと考えていました。今でも長男が墓と位牌そして資産を相続するものと考えている家族もいます。長男自身も自分は長男だと責任感を持って親の老後の世話をしたり、弟妹との関係に気を配る人もいますが、仕事の関係で遠く離れて住んでいて、親の世話はお嫁に行った娘が引き受けるというケースもかなりあります。

親もお嫁さんには気兼ねだからと遠慮し、お嫁さん自身も自分の親の介護があるので、実の娘が世話をしている場合が増えています。その際、よその家に嫁に行っているのだからということで、遺産は長男が相続し、娘にはほんの少しの現金だけつつむというケースはかなりありますが、改めるべきです。

**それぞれのケースで自分はだれに一番世話になっているか、だれに残したいか考えて決定するのは本人の役割です。それぞれの言い分がありますから全員が納得する配分は難しいことですが、関係者が「まあ仕方がないか」と思えるような配分をすることで高齢者本人の見識が問われます。好き嫌いをむきだしにするのもひかえましょう。**

子どもだけでなく、その配偶者、あるいは孫たちとでも、人によって親疎（しんそ）の度合いは異なります。愛情の勤務評定を勧めるわけではありませんが、親切にしてくれる人、愛情を表してくれる人に感謝を示すのは大事なことです。みんな平等にしないで、一

番経済的に苦しく困っている子に残す、一番よく世話してくれた孫に残すと思いなが
ら周りを見回しましょう。

また子や孫、親族だけでなく、出身の学校、故郷、属していた団体などに遺産の一部を残すのもとてもいいことです。ある目的のために使ってくれと基金をつくったり、寄付したビルや施設に名前を残すのはアメリカではとても多いことですが、日本ではほとんどありません。相続税が高くなっているので、日本も寄付遺贈を考えるべきです。

**残したお金が争いのもとになるのでなく、感謝につながるといいと思います。**

# おわりに――高齢者よ、志をもとう

二〇二〇年は新型コロナ感染症が世界中に拡がり、パンデミックとなる特別な年でした。

日本では欧米や南米に比べ感染者も少なく、特に重症者や死者がケタ違いに低い水準です。それでも不安感は強く、なかでも高齢者は感染した場合、重症化、死亡のリスクが高いと、自粛が強く求められました。外出していない高齢者は筋力も衰え、認知症が進行したとかウツ的な傾向が強くなったと言われています。

この時期、だからこそあえて高齢者は心を強くもって、一日一日を充実して生き、さらなる高みを目指すことが大事だと痛切に思い、この本を書きました。結論は「高齢者よ、志をもとう」ということです。

スウェーデンの社会老年学者、ラーシュ・トーンスタムは「老年的超越」という考え方を提唱しました。九十歳を超える高齢者は自己中心性が低下し、死の恐怖が減り、空間・時間を超越する傾向がみられます。その結果、高い幸福感を感じます。そうした境地をめざして一日一日、今を大事に生きる。今まで生きてきたことに感謝し、今までの人生ででであった人に感謝し、いろんな経験を受けいれる。そして、自分でできるだけ周囲の人、若い人を応援する。

コロナに負けないというのは、もしワクチンや治療薬、医療器材が限られていたら、若い人に譲る。資源やエネルギーを無駄に浪費しない。できるだけ機嫌よくすごし、自分も周囲も明るくする。体だけでなく、心も健やかに保つ。前向きに、コロナが何をもたらしたか観察する。人生の後半期を迎えた方々が、人生のあらゆるステージをそれなりに楽しんでくださることを祈っています。

最後に、この本を企画し、支えていただいたSBクリエイティブの美野晴代さんに心から感謝します。美野さんの支えと励ましによって、この本は世に出ることができました。

二〇二〇年の終わりに

坂東眞理子

**著者略歴**

**坂東眞理子**（ばんどう・まりこ）

富山県生まれ。昭和女子大学理事長・総長。
東京大学卒業後、69年に総理府入省。内閣広報室参事官、男女共同参画室長、埼玉県副県知事、総領事（オーストラリア・ブリスベン）などを経て、2001年、内閣府初代男女共同参画局長。
04年に昭和女子大学教授、同大学女性文化研究所長。07年に同大学学長、14年から理事長、16年から現職。330万部を超える大ベストセラーになった『女性の品格』（PHP新書）のほか、『70歳からのたしなみ』（小学館）、『老活のすすめ』（飛鳥新社）など著書多数。

SB新書 527

# 賢く歳をかさねる人間の品格

2020年12月15日　初版第1刷発行
2021年 5 月13日　初版第2刷発行

著　者　坂東眞理子

発行者　小川 淳
発行所　SBクリエイティブ株式会社
〒106-0032　東京都港区六本木2-4-5
電話：03-5549-1201（営業部）

装　幀　長坂勇司（nagasaka design）
本文DTP　株式会社キャップス
校　正　根山あゆみ
印刷・製本　大日本印刷株式会社

本書をお読みになったご意見・ご感想を下記URL、
または左記QRコードよりお寄せください。

https://isbn2.sbcr.jp/07845/


ISBN 978-4-8156-0784-5